JN028644

やる気のスイッチ

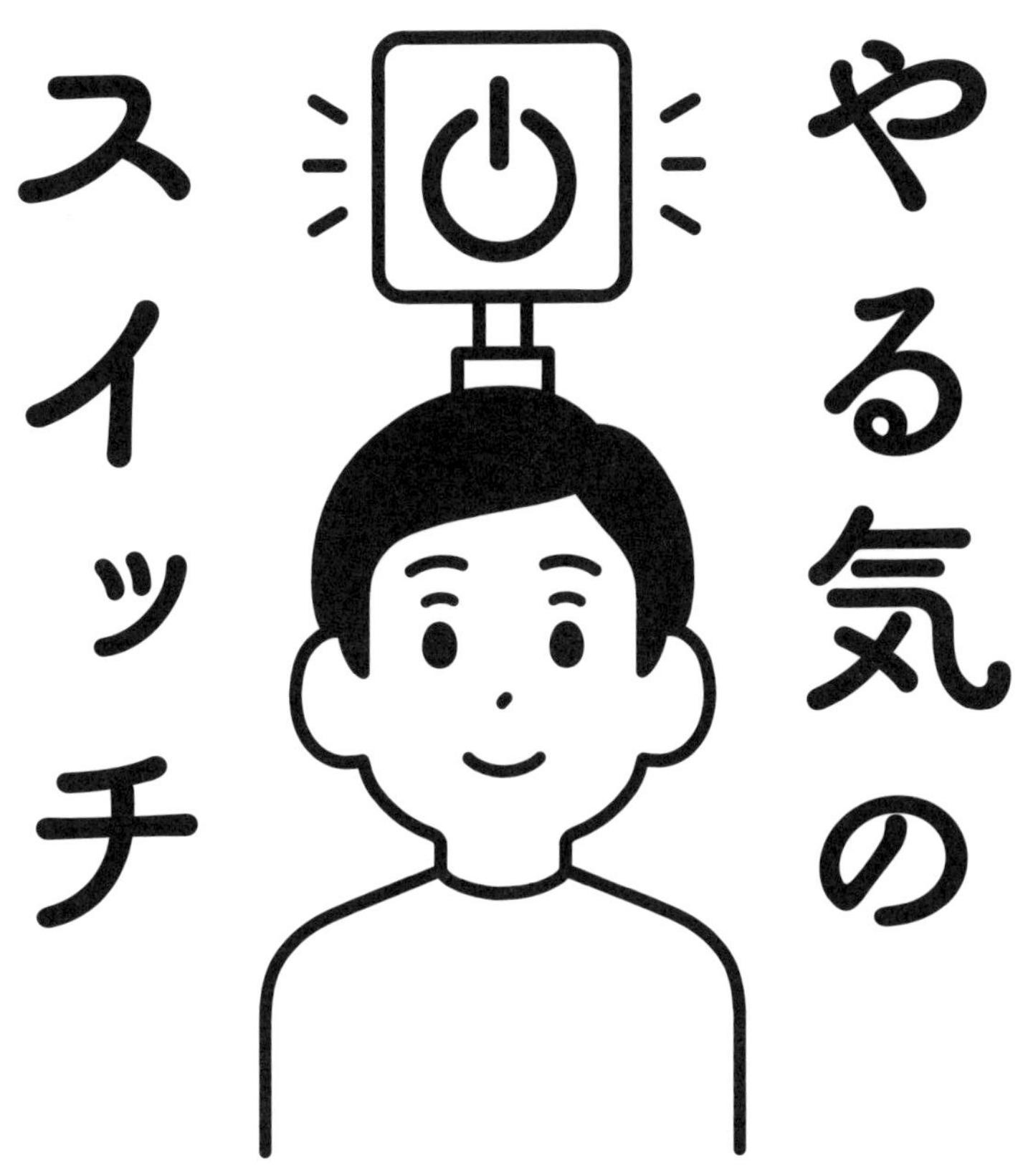

山﨑拓巳

sanctuary books

昨日のやる気を、今日出せないあなたへ。

よーし、やるぞ！　と思うときがある。
そのやる気が
「ずっと続くもの」
だと思っている人のやる気は長続きしない。

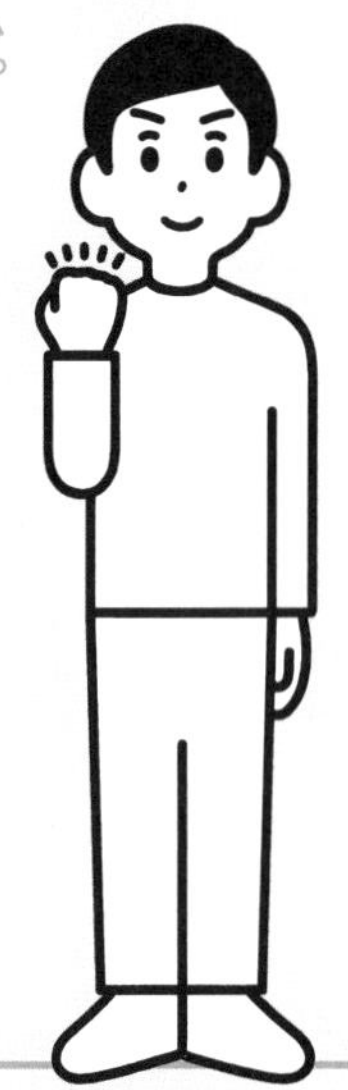

Prologue
プロローグ

物事を長続きさせられる人は、
そのやる気が
「すぐに冷めるもの」だと知っているから、
冷めないようにいつも工夫しているのだ。

どうすると自分は集中できるのか？
どうすると自分の気分は乗ってくるのか？

やる気は気まぐれな存在だ。

昨日まではたしかにあったのに、
今日はどこにいったんだろう？

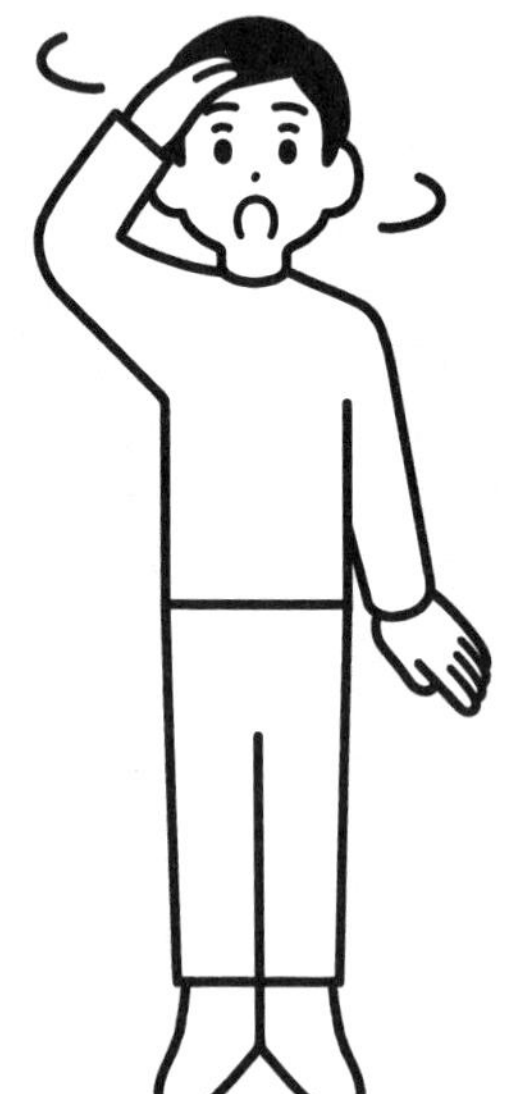

Prologue
プロローグ

出たかと思えば、あっという間に消える。
しばらく出なかったのに、
いきなりポンと出たりする。
やる気を出そうとしても、
自分で無理をしてるのがわかる。

誰かがくれることもあるけど、
すぐ別の誰かに奪われてしまうこともある。
出せと言われても出るものではなく、
ようやく出たときには、もう必要なかったりする。

やる気は自分の中にあるものなのに、
なかなか自由にコントロールさせてもらえない。
それは誰だって同じだ。

いいことがあると、やる気が出る。
悪いことがあると、やる気をなくす。
外で起きていることに、反応している。

なんにもしないで放っておけば、
やる気は「あなたのまわりで起こった出来事」
に左右されるだろう。

でもつねにエネルギッシュで、
大きなことをどんどん成し遂げていく人は、
「自分の心との付き合い方」をよく知っている。

彼らはやる気を無理やり出しているわけでも、
やる気が出るのを待っているわけでもない。
どうやったらやる気を出せるか、
こういう場面では、
こういう気分のときには……と、
いくつもの「やる気のスイッチ」を持っている。

意識しているから、見えている。
やる気をなくすのは自分でやる気を
「なくすきっかけを待っていたから」
だということを知っている。
だから気分に左右されるのではなく、
自分で気分を意図的に左右することができるんだ。

〝気分に左右されるのではなく、
気分を意図的に左右している〟

初詣に行ってパンパンと手を叩き、
一生懸命願い事をする。

「今年は英語をマスターできますように」

そう祈ったときには、十分にやる気があったとしても、

「英会話の勉強をしよう。この動画を観終わったら」

「やせよう！　このケーキを食べたら」

「明日は早いから早く寝よう。ビールを飲んでから」

ほんの一瞬で目の前の誘惑に負けてしまう。

たった「この一瞬」すら思いどおりにならないのだから、
人生を思いどおりに動かすのは簡単じゃない。

でもあなたはその事実にあらためて気づいた。
「自分の心との付き合い方」を
理解するために大事なことは、
まず「気づく」ことである。

自分にとって本当に有益な情報というのは
「え、そんなに簡単なことでいいの?」

「え、そんなこと昔から知っているけど」

「え、何度も聞いたことあるよ」

と言いたくなるような、シンプルで当たり前のことだ。

今まで日常にあったものに対して、
意識を変えて接してみよう。
そこにやる気のスイッチ
があるから。

〝今まで日常に
あったものに対して、
意識を変えて接してみる〟

この方法は、私が考え出したものじゃない。
いろんなところから受け取った知識と知恵を、
自分なりに解釈し、何度も何度も試してみて、
本当に使えると確信したものだけをまとめたものだ。

「やる気」の
スイッチ

contents

contents

contents

この本は小社より刊行した『やる気のスイッチ!』(2008年11月)
『やる気のスイッチ! 実践セミナー』(2010年3月)に大幅な
加筆をおこない、再編集したものです。

PART 1

やる気の「仕組み」の話

SWITCH 1

やる気は「偶然」という形でやってくる。

やる気のカラクリについて知るためには、まず意識と無意識のことについて知る必要があります。

このだまし絵には2パターンの現実があります。

見方によっては老婆にも、婦人にも見えるでしょう。

このようにあなたは心でのぞんだものを、絵の中から選び出すことができます。

あなたが今見ている現実も同じ。

同じ環境の中にいたとしても、人はそれぞれ違う捉え方をしています。

現実の中にあふれている天文学的な数の風景か

ら、自分が意識したものを選び出しているんです。

たとえば……


ルイ・ヴィトンのバッグを買うと、街中でルイ・ヴィトンを見かけるようになる。

あのクルマ欲しいなあ、と思いはじめると、そのクルマがいたるところで走りはじめる。

自分が妊娠したとたん、街ですごい数の妊婦さんを見かけるようになる。

好きなミュージシャンの曲が、たまたま入ったお店でよく流れる。

その人の噂をしていたら、テレビにその人が出てくる。

パソコンをＭａｃに替えたら、Ｍａｃユーザーと出会うようになる。

新しい言葉を覚えたら、すぐに別の場所でその言葉が話題になる。

「厳選された食材が使われている」と知ったとたん、その食べ物が急に美味しく感じられる。

これらの現象を「引き寄せる」と言い換えることもできますが、
無数に存在する現実の中から、あなたが意識したことが浮かび上がってくる、と考えてもいいでしょう。

お店の中で、ある人は商品の値段を見ている。

ある人は商品の材質を見ていて、ある人はお店の内装を見ている。

ある人は財布の中身のことを考えているかもしれない。

このように人々は目では同じものを見ていても、意識の中ではまったく別のものを見ています。

目の前で見えて、聞こえて、感じられる現実。

それが、自分にとってはいたって当然の出来事のように思います。

だけど本当は自分の意識がよりごのみして、制限をかけた風景を、勝手に現実だと思い込んでいる。

現実は何層にもなっており、自分で選び取った現実を見ています。

その中にやる気の周波数があり、そこへアクセスするスイッチがあるんです。

SWITCH 2

頭の中に「のぞむ絵」を映すと、そのとおりになりやすい。

現実は言わばイリュージョンです。

なぜならあなたの脳によって、編集加工されたものだからです。

誰もが自由に絵を貼り合わせて、自分流のストーリーや風景を作っています。

あなたの目はビデオカメラのようなもので、欲しい絵だけを切り取り、自分なりに演出を加え、心のスクリーンに映し出しています。

そしてそれを「現実」だと思い込んでいます。


どういうことでしょうか。

たとえば、心の中には一枚のスクリーンがあります。

「青空」という言葉を聞いたときに、「青空」の映像を描くあの場所です。

今こうして本を読んでいても「あれ？　スマホどこにしまったっけ？」と心配になると、

あなたの心はスマホを探しはじめます。

すると、目は文字を追っているのに、頭には入ってこない。

スクリーンには脱いだ上着のポケットや、玄関に置いたバッグの中などの映像が描き出され、目で追っている文字は意味を失ってしまいます。


このように頭の中で一度に描けるイメージはひとつだけ。

前向きなことを思うと同時に、否定的なことを意識することはできません。

勝つシーンと負けるシーンを、同じ画面に描くことはできません。

だから、あなたが人になにかを伝えるときは、その人に「なにを思い描かせるか」が大切になります。

人は受け取った「絵」に対して反応するからです。

「あなたは老けていませんね」と言われたら、どんなイメージを抱くでしょうか？

（その絵の中の自分は老いていないでしょうか）

サッカーのＰＫ戦でチームメイトから「外しても気にするな」と言われたら、ゴールを外すイメージが頭から離れなくなるかもしれません。

たとえ「君なら成功する」という気持ちを伝えたかったとしても、です。

この「心のスクリーンに描いたイメージ」は、そのイメージを実現させようと無意識に力を働かせ、身体に反応させようとします。

子供に「転ばないでね！」と注意すれば、子供が思い描くイメージは自分が転ぶ姿になるから、より転ぶ確率が高くなります。もしも転ばせたくなかったら、「ちゃんと歩いて」と伝えた方がいいですよね。

伝達は、言葉の意味だけでは通じないのです。

大事なのは、「起きてほしいことを、相手が思い描けるようにしてあげること」。

自分の場合もそうです。

たとえばスノーボードは、基本的に「自分が見ている方向」に滑っていくものです。

言い換えると、行きたい方向を見ていれば、勝手にそちらに進んでいくものです。

しかし視界の中で誰かが転ぶと、つい視線を奪われる。

すると、急にそちらへ向かって突進しはじめます。

そのとき頭の中で「ぶつかりたくない！」と念じたら、ますます目が釘付けになってしまい、そのまま転倒者に激突してしまうでしょう。

そのときは、ぱっと視点を切り替えて、誰もいない、気持ちよく滑れる方向を見ればいいのです。

木と木の間を滑り抜けたいなら、木ではなく、木と木の間を見ればいい。

このように「もしも起きたとしたら」と想像するだけで、無意識は「そのことをのぞんでいるんだ」と勘違いし、そちらへ身体を反応させてしまいます。

どんなときでも、「いいこと、のぞむこと」だけを頭に描いた方がいい、とよく言われるのはそういうわけなんです。

SWITCH 3

「余裕かも」と思うと、余裕で手に入る。

自分が実現したいことや欲しいものを思い描く。

それを文章にしたり、人に話す。どちらもすばらしいことです。

願いは叶う、と言います。

しかし私は思います。あまり強く願いすぎない方がいい、と。

なぜなら、強く願えば願うほど、それほど強く願わなければ叶わないほど「実現が困難なことなんだ」と、「無意識」に思わせてしまうからです。

こうしたい・あれが欲しい（でも、そのためには苦労をしないとダメだろう）、そう思っている人は、すぐ目の前に簡単な方法があったとしても、気づかず、見向きもせず、苦労をともなう方法だけに興味を抱き、一心不乱に努力しはじめてしまいます。

こうしたい・あれが欲しい（でも、意外と簡単にできちゃったりして。手に入ったりして)。

そう思っている人は、身近にある最も簡単な方法に手をつけ、思いのほか、あっさり実現してしまいます。「簡単かも?」という角度から物事を見ると、「無意識」が簡単な方法を浮かび上がらせてくれるのです。

この「簡単かも?」という気持ちを手に入れるには、「実現したいことを、すでに実現している気分」「欲しいものを、すでに手に入れているときの気分」を先取りする必要があります。

それができていること、それを持っていることが、当然だと感じている心の状態です。

そのためのひとつの方法として、「今やりたいこと」「今欲しいもの」を、文字や言葉、あるいは心の中で「もうとっくに実現してしまったこと」「手に入れてしまったもの」に書き換えるといいでしょう。

たとえば「年収を今の倍くらいにしたい」という場合は、「とうとう倍になった!」ではドラマチックすぎて、達成感がつきまといます。「年収が倍になってから、もう2、3年は経つなあ」という、すでに落ち着いた、過去完了形の言葉に変換してみてください。

「フルマラソンで完走したい」という場合は、「昨年のレースも、一昨年のレースも完走したなあ」という、すでに落ち着いた気持ちで、朝のランニングをします。

気持ちをこの状態にセッティングして、「それはもう完了して、自分にとっては慣れ親しんだこと」という架空の事実を心に馴染ませていくことで、欲しい現実は向こうからやってきます。

SWITCH 4

不要な「マイルール」に気づく。

あなたはコンセンサスリアリティ（合意上の現実）の中にいます。

テーブルの上に足を乗せてはいけない。食事中に立ち歩いてはいけない。列に横入りしてはいけない。人を仲間はずれにしてはいけない……など。

コンセンサスリアリティとはこんな風に、子供のころから教わってきたルールによって作り上げられた現実。

この中にいると見えないものが見え、見えているものが見えなくなってしまいます。

たとえばこういう場面を想像してみてください。

砂場で遊んでいる子供が2人いて、「こっちから向こうが海ね！」「落ちたら3秒でサメに食われる〜。この石は地雷ね。踏んだら爆発するぞ〜！」とキャッキャ言いながら楽しんでいる。

そこにもう一人、なにも事情を知らない子供がやってくる。はたから見ればただの砂場です。でも足を踏み入れた瞬間……「あ、そこ海だよ！　早くこっちへ！」「え？」「サメが来るよ！」「え？」と言われて、戸惑いながらも、駆け足で逃げ出すかもしれません。

この瞬間、その子は合意したことになります。

つまり砂場の中で、新しい現実を見はじめたというわけです。

子供たちの取り決め。それによって作られる現実。

それを発展させていったものが、大人の現実＝社会だとも言えます。

目の前の現実は、言わば「みんなとの約束によって見せられた現実」。

だから「絶対できない、なれない」と思ったら、それはあなたが知らないうちに「絶対できない、なれない」と刷り込まれ、そのような現実を「見せられている」だけかもしれません。

でもそれはただの思い込み。

決してあなたの行動が制限されているわけではないのです。

SWITCH 5

凹みまくったら「なーんちゃって」と言う。

凹むことが2、3回続いたら要注意です。

あなたの心は凹むようなものを、続けて「わざわざ」発見しようとしています。

心がそのモードになっているときは、次々と凹むようなことが起こっていきます。

遅刻しそうだ。カギが見つからない。鞄のチャックがハンカチを噛む。クルマをこする。スピード違反で捕まる……。

心は一種の動画配信サービスのようなもので、そのチャンネルはずーっと「凹む番組」ばかりやっているようですね。

「なんで私、こんなにイライラしているの？」とイライラをなくそうとして、さらにイライラを増幅させています。

心のスクリーンに映し出される「イライラする現実」は、次から次へとイライラを連れてきてしまいます。

だから起きているマイナスな出来事には、
心を引っ張られないこと。続けないこと。こだわろうとしないこと。
ぱっとチャンネルを変えるように、心のモードを変えて抜け出しましょう。

抜け出すために、使えるおまじないのような言葉があります。

それが「と、いうのはうそ！」もしくは「なーんちゃって」といった言葉です。

「ほんの冗談でした」と伝えることで、とりあえずイライラモードから抜けられます。

それでも何度も嫌な出来事が浮上してくるなら、何度も同じ言葉を思い浮かべればいい。

そして断ち切ることができたら、すかさず、「すがすがしい、さわやかな、やさしい、おだやかな」景色を心の中に映すのです。

そうすれば、また新しい現実をはじめることができます。

幼稚に感じるかもしれないけれど、**脳は言葉で思考するから、言葉を使うだけである程度方向転換できてしまうのです。**

もし方向転換がうまくできないという人は、

悲しいことが起きたときにすかさず「よくあること、よくあること」、それでも続くようだったら「修行、修行」、まだそれでも続くようだったら「まぼろし、まぼろし」と言葉を重ねてみてください。

こうすれば、方向転換しなくても嫌なモードから抜けやすくなります。

SWITCH 6

モヤモヤは書き出し「他人事」として見る。

なんとなくやる気が出ない。

心に霧がかかっているようだ。このなんとも言えない不安はなんだろう？

そういう気分を放置すると、モヤモヤはお化けのように成長し、増えていきます。

あらゆる感覚を鈍らせて、さらにやる気を奪っていくことになるでしょう。

そんなときは、紙に書き出してみます。**憂鬱な気持ちにさせている原因すべてをです。**

頭の中で処理するのではなく、実際に文字にするのです。

あ、これかな？　あ、あれかな？

思いつくまま「原因っぽい事柄」を書き出していくと、心の表層にあったモヤモヤがはがれ、下から新しいモヤモヤ（＝本当の原因）が浮き上がってくることがあります。

それらを、ただシンプルに心から引っ張り出し、文字になったものを客観的な立場から見るだけでも、心はずいぶん軽くなります。

文字にしてみると「案外たいしたことがないかも」と思うことが多いです。

これと、これは同じ問題だと気づいて、複数あった問題をババ抜きの要領で手元から減らせることもあります。

これは、問題そのものが問題なのではなく、問題によって心が「ブルーモード」になっていることが問題になっていた、ということもあります。

問題が明らかになり、解決のための行動を起こす前にまずやるべきことは、

「問題を解決したら、今の気分が一体どんな気分に変わるか」

を想像すること。

その気分を心に馴染ませてから、問題に取り組むと解決が早いでしょう。

忘れてはいけないのは、あなたの心がのぞんでいるものは、問題解決そのものではなく、解決した後のさわやかな心の状態だということなんです。

SWITCH 7

スケジュールから「その日の気分」を予想する。

喉がかわく前に水を補給しましょう。

かわいたときには、すでに脱水症状だから。

やる気もなくなる前に、心をメンテナンスしましょう。

やる気がなくなったときには、すでに動けなくなっているから。

仕事が過密でやる気が失せてしまった、というのはスケジュールのミスです。

つねに一日一日の流れを確認し、いつごろ心がどんな状態になりそうか、想像しながら予定を入れていきます。休んでいても電源を落とさずスリープ状態に。

心のメンテナンスが行き届いていたら、いつどんなときでもビビッドに反応できます。

スケジュール帳を見て、なんとなく楽しくなさそうな日には、自分へのご褒美になるような予定をひとつ入れましょう。

毎日、明日が待ち遠しくなるように。

思い出は「美化」しておく。

やる気は、欲求から生まれます。
でも年齢を重ねるごとに、その欲求を邪魔するものがあります。
それは一体なんでしょう。

昨日の自分。今日の自分。明日の自分。
3人のあなたがいるとするならば、
「昨日の自分」は記憶で、「明日の自分」は希望。
子供のころの「今日の自分」は、
なにかを判断するとき、
いつも「昨日の自分」ではなく「明日の自分」に相談していたはずです。
ところが、大人になると「昨日の自分」と相談することが多くなります。

「昨日の自分」と会話をすれば、先のことを想像できてより安心です。しかし同時に、心がブロックされてしまう。それは「自分はこれくらいだ」と思わせるブロックです。

「昨日の自分」にはそれほどの説得力があるのでしょうか。

「昨日の自分」は単なる記憶の集合体です。でも、その記憶は本当に正しいとは言えません。

同窓会ではこんな話もよくあります。

「あのとき、Aさんにふられたんだよな」
「え？　Aはお前のこと、好きだったはずだよ」
「いやいや違うよ。ばっちり覚えてるもん」
「そんなことないよ。みんな知ってるよ」
「え！　ホント？　ずっと心の傷になっているんだけど」

真相はわからない。でも「記憶ほどあてにならないものはない」というのは確かです。どんどん劣化するものだし、そもそも誤って認識している可能性も高いでしょう。

しかし一度記憶が固定されると、それは「事実」として処理されてしまいます。

また、その人が「どのように編集したか？」によっても捉え方は変わります。

結婚式の動画を、自分で編集してみた。

同じデータを兄に渡し、兄にも編集してもらった。

自分は、人が泣いているシーンばかりを残している。

兄は、人が食べたり飲んだりしているシーンばかりを残している。

一方は感動的で、一方は楽しそうだ。

このように同じものを撮っても、編集の仕方によってまったく別物になります。

どういう編集をするかは、人それぞれ癖がはっきり出ます。

言い換えれば、そのように意図して編集すれば、良い出来事も悪い出来事も、笑える出来事も悲しい出来事も、なんだって作り出せるということです。

「違うよ。AさんはBさんのことを気づかって、わざと素っ気なくしてたんだよ」

「なんでそのとき言ってくれないんだよ！」

「てっきり知っていると思ったから」

「ずっと傷ついていたんだよ」

人生においてこのような「記憶違い」は数え切れません。

むしろ「昨日の自分」は取り違えの集合体だと言ってもいいでしょう。

もしも苦しい記憶があるなら、もう一度編集し直した方が得です。

最高だったとき。なにも怖いものがなかったとき。愉快で楽しくて笑いが止まらなかったとき。

そう考えると、小中高大……どの思い出も捨てがたい。

勉強もスポーツも遊びも恋も、なかなか悪くなかったかもしれない。

こんな風にワクワク感だけをトレースする。

そうすれば、「昨日の自分」はきっと素敵な助言をくれるようになります。

SWITCH 9

日記で妄想を爆発させる。

「今日の自分」が「明日の自分」に相談する。

ところが「明日の自分」は無口だ。なぜでしょうか？

口を重くしているのは、「今日の自分」を取り囲むさまざまな諸条件です。

「長期の旅行に出かけたいな」＝希望

「でも、どうやって休みなんか取るの？」＝諸条件

「本当は引っ越ししたいんだよね」＝希望

「今の家のローンはどうするの？」＝諸条件

「あの人と付き合いたい」＝希望

「でもあの人にはすでにパートナーがいるよね」＝諸条件
「美味しいものをたくさん食べたい！」＝希望
「ダイエットするって決めたよね」＝諸条件

希望を邪魔する諸条件。

そこから「明日の自分」を解き放ちたい。

そのために強い効果を発揮するのが、妄想のままに日記を書いてみることです。

そんなに素敵なことが起きたらどうにかなってしまいそう！と思うほど興奮するような妄想を、架空の日記として勝手気ままに綴るのです。

「仕事を辞めた私は、気が済むまで沖縄に滞在することにした」

「買ったときよりも高い値段で家が売れて、さらに海沿いに理想の物件を見つけた」

「今日あの人に思いを伝え、手をつないだ。胸が苦しくなった」

「最高のエクササイズが習慣化して、いくら食べても太らなくなった」

ものすごく想像力を働かせて書きましょう。

今までは、考えることすらタブーだと思っていたことも書きましょう。

妄想に不可能はありません。日記の中のあなたは万能でいい。

この「妄想日記」を書き進めていくと、ある感情にたどり着くことになります。

それは本来ならば、その出来事が実際に起ころうとするときに、もたらされるであろう感情です。


この感情に触れたくて、あなたはその出来事を欲していました。

あなたの心は出来事そのものよりも、この感情を求めていたとも言えます。

諸条件に阻まれて、この感情に触れたいということすら忘れていたのです。


この感情に触れたら、「今日の自分」に戻ってみる。

あえてタブーを冒さなくても、別のストーリーを経て、この感情にたどり着くことはできないだろうか？

妄想は、そんな可能性の扉を開いてくれます。
※ただし「妄想日記」は取扱いに注意。誰かの目に触れると災いの元です。

SWITCH 10

解決法は「無意識」が教えてくれる。

家を出る間際に、

「あ！　あぶない。書類忘れるところだった。よかった、思い出して」

というときがあります。

まったく違うことを考えているのに、スパン！　と自分の意識に降りてくるひらめき、気づき、インスピレーションのようなもの。あれは一体なんだろう？

または誰かとお酒を飲んでいて、

「あの人誰だっけ？　あー喉まで出かかっているのに……」

という場面もよくあります。顔はわかっているけど名前が出てこない。

ところが飲み会も終わって、家路につき、ほろ酔い気分でシャワーを浴びていると、なんの脈絡もなく、

「あ。思い出した。○○さんだ」と答えが舞い降りてくる。あれは一体どこからやって来

るんだろう？

答えはどうやら「無意識（潜在意識）」の仕業らしいのです。

人が意識として認識できるものは「顕在意識」と呼ばれています。

顕在意識は、そもそも「名前なんだっけ？」と思い出そうとしていたことすら忘れてしまいます。ところがその奥にある「無意識」は、一度「名前なんだっけ？」と考えると、ずーっと記憶の中を検索し続けてくれる、粘り強い意識なのです。

そして無意識の「検索がヒット」したとき、その答えがひらめきとして降りてきます。

この無意識とうまく付き合うにはどうしたらいいか？

まず、なにか思いつきたい、ひねり出したいことについて、自分に対して質問を投げかけるといいでしょう。

たとえばぱっと見困難に思えるようなことも、「できない」「難しい」「ありえない」では終わらせない。

「そうするためには、どうしたらいいんだろう？」

と丁寧に問い直すことで、スパンとひらめきが降りてくることがあります。

もうひとつひねりが足りない。
「この企画、どうしたら心に届くものになる？」と問えば、
今まで想像もつかなかったようないい企画を思いつくことがあります。
うわ。あれもこれもやらないといけない。
「どれから手をつけたらいいだろう？」と問えば、
「やっぱりこれからやろう！」という道筋が見えてきたりします。
初参加の人が多い会合で、
「どうしたら盛り上げられるか？」と問えば、
進行役にぴったりの人の顔が浮かんできたりします。
無意識はすごい。
「あ！　そうだ、あの子に話してみよう」とひらめいて連絡してみたら、
相手から「実は私も連絡を取ろうと思っていたの」と言われ、
話がするする進んだことはありませんか？

無意識との付き合い方を知ると、すべてがうまくいくようになります。

一方、うまくいかない人の「口癖」や「考える癖」はたいていよく似ています。

どうしてうまくいかないんだろう？

どうして……どこにも頼れる人がいないんだろう？

どうして、ワクワクしないんだろう？

どうして、がんばっているのに成果が上がらないんだろう？

どうして、面白くないんだろう？

こういう思考をする人は、なかなかひらめくことができない。

なぜならば「ないものはない」から。

どこを探したって「ないもの」は出てきません。

インターネットと同じで「山﨑拓巳」はヒットしますが、「山﨑拓巳ではないもの」はヒットしません。

しかし質問を「答えが存在する質問」に変えると、とたんに無意識は答えを探しはじめます。

どうしたら……うまくいくんだろう？

どうしたら、頼れる人とめぐり会えるんだろう？

どうしたら、ワクワクするんだろう？

どうしたら、もっと成果が上がるんだろう？

どうしたら、面白くなるんだろう？

こんな風に「どうしたら……」からはじまる疑問形に言い換えることで、とたんに答えがヒットするようになるのです。

同じように、

「海外旅行したい。けど、寝たきりのおばあちゃんがいるからどうしようもないなあ」

と考えていても、無意識はなにも探せず、同じところをぐるぐる回ります。

ところが、

「どうしたら、寝たきりのおばあちゃんがいても海外旅行に行けるか？」

と言い換えておくと、
無意識はいずれすばらしいひらめきを顕在意識にたちのぼらせてくれます。

そしてひらめいたら、すぐに行動に移すこと。

ピッと降りてきたら、パッと行動する。

このスピード感が、やる気をさらに加速させるのです。

SWITCH 11

「一歩先」に慣らすと、遠くに行ける。

なぜ昨日のあのやる気は、今日まで続いてくれないのか？

前の晩は興奮しすぎて寝られないほどだったのに。翌日になると、そんなやる気はどこ吹く風……。

私はずっとそんな自分に失望し、ダメなやつだと自分を責めていました。

しかしあるとき、それは自分だけではなく、誰にでもあてはまる現象だと知って安心しました。

人の無意識には、ある性質があります。

もっと若いころにその性質を知っていれば、自分を傷つけずに済んだのに、と思います。

暑ければ、汗を出して体温を下げようとする。

寒ければ、筋肉を震わせて体温を上げようとする。

それをホメオスタシス（恒常性）と言うのですが、人には「つねに同じ状態でいよう」

とする性質があります。

感情も同じで、ガーンと盛り上がればドーンと落ちます。

これもホメオスタシスの仕業。身体や心の生理現象として、元に戻ろうとしているのです。

誰かに恋をする。好きで好きでたまらない。

5分連絡がこないだけでも苦しい。しかしある日突然、その気持ちがぱったりと途絶える。

結婚前もそう。この人でいいのかと急に不安になる。

本当にこの人を愛しているのか、自信がなくなってくる。

盛り上がりすぎた気持ちが、一気に盛り下がろうとするのは、まさにホメオスタシスの仕業です。

だから変化は「ゆっくり、ゆっくり」がいい。

新しいものにちょっとずつ慣らし、十分に馴染んでから次へ。

それが結果として、一番早く変化することができます。

高所トレーニングがまさにそう。

急に山の高い所に登ると、高山病にかかってしまうから、「酸素が薄い場所」が自分の身体にとって「当たり前」になるまで、身体をゆっくり、ゆっくり、高所に馴染ませていく。


心も同じで、急激な心の変化は振り戻るから、興奮して、やる気が盛り上がったときほど「落ち着け、落ち着け」と自分をなだめてほしいです。


盛り上がれば、それだけ盛り下がる。

それはやる気がなくなっているわけではなく、「今は落ちているときなんだ」と自覚できれば、また盛り上がるときまで、自分を責めたり途中で投げ出さずに済むでしょう。

SWITCH 12

身体で覚えるとルーティンになる。

うまい人がやっていることは、とても簡単そうに見えます。

スポーツも、演奏も、ゲームも、ダンスも、うまい人がやっているのを見ると、自分にもできそうな気になります。

でも実際マネをしてみると、それがすごく難しいことに驚かされることも多い。

仕事もよく似ています。

できる人ほど多くの仕事を、楽そうに、簡単そうにこなしています。

仕事が手足のごとく、身体に染み付いているからです。


人は一度にひとつのことしか意識できません。

かといって、ひとつの作業しかできないわけではありません。

クルマを運転する人はシートベルトをして、エンジンをかけて、ミラーをチェックしながら、シフトをドライブに合わせ、ブレーキをゆるめながら、ウインカーを出し、側方を確認しながら……という一連の作業を、流れるようにこなすことができます。

しかし、運転手は一つひとつの作業について意識をしていません。

ではなぜ意識をしなくて済んでいるか。

それは何度も繰り返し、身体に覚えさせてしまったからです。

一度身についた技術はなかなか忘れません。

だから、基本となる仕事はひたすらひたすら反復させる。

なにも考えず、自然に動けるようになるまで繰り返す。

そうすれば、いつもの仕事を同時にこなしながら、新しい仕事に集中できて、その姿をそばから見ていると、とても簡単そうに見えるのです。

SWITCH 13

憧れを疑似体験する。

私はそういうタイプじゃない。
それは私らしくない。
そこでそうするのが私らしい。
私の性格的にそれをやったら変だ。
私が「私」だと認識し、私はこんなタイプだ、性格だと判断する。
その「私」とは、一体何者でしょう?

生まれてから今日までに、出会った人、出来事、環境が、「私らしさ」を形成してきました。

これがセルフイメージと呼ばれる、自分が自分に与えているイメージです。
親、友達、先生に言われたこと。上司や先輩から受けたあつかい。

すれ違った人の視線や、自分がやったことに対する評価……など無数の経験から、「自分はこんな人間だ」と限定する。

そうあるべきだ。それが私だ。そうあるべきではない。そうじゃないのが私だ。

服のセンスがいい。こまごましたことが好き。なかなかあきらめられない。変だと思われたくない……そんな風に限定することで、私たちはアイデンティティを保っています。

たとえばボウリングでいつも120点くらい取っている人の場合。

中盤まで調子が悪く、ふと「このままだと100点にも届かないかも?」と思います。すると無意識が「それは自分らしくない」と感じ、急にストライクを連発して、結果的に120点くらいに落ち着くことがあります。

反対に好調なとき、誰かから「ボウリングめちゃくちゃうまいですね。180点あたりいくんじゃないですか?」

というひと言がかかったとたん、急に歯車が狂いはじめて、やっぱり結果的に120点くらいに落ち着くこともあります。

これ以上でもなく、これ以下でもない。

ここが自分らしい場所だと決めて、その中で落ち着いている。

そこはコンフォートゾーンと言って、ただいるだけで心地がいいもので、「それ以下になること」に対しては恐怖感を持ちます。

また同様に「それ以上になること」にも恐怖感を持つのです。

セルフイメージを落とさないためのバリアのようなものです。

しかしそのバリアがあると、同時に上へ上がることも阻まれます。

「あの人たちすごいよね。でも一緒にいたらきっと疲れるよ」

という言葉は、コンフォートゾーンの外に出たくない人のためのものです。

収入を上げたい。きれいになりたい。スコアを伸ばしたい。出世したい。生活を安定させたい。

そうは思っていても、セルフイメージが邪魔してしまいます。

だからこそ自分のレベルを高めたいときは、セルフイメージも一緒に高めなくてはいけないというわけです。

どうすればいいでしょう?

ひとつの方法は、自分がめざしている人に、なったふりをすること。

「すでにそうなった自分」を演じ、「すでにそうなった自分」として振る舞うのです。

「すでにそうなった自分」の頭で考え、食事をして、人と会い、パソコンに向かい、眠る。

そんな生活をしているうちに、「すでにそうなった自分」に慣れてくるでしょう。


もうひとつの方法は、自分がめざしているような人が、ふだん聞くもの、触れるもの、食べるものに慣れ親しむこと。あるいは吸っている空気を同じにすること。

彼らがよく立ち寄る場所へ行き、彼らがよく使っている道具を使い、彼らがよく遊んでいる場所で遊ぶ。

ある成功者は超一流ホテルのロビーに一日中居座り続け、往来する人たちを眺めていたそうです。

特別でもなんでもない日に、高級レストランでランチをしたり、一日中タクシーで移動したり、平日の美術館で過ごしたりするなどして、一流の人たちの感覚に自分を慣らしていきました。

こうして一度セルフイメージが高まると、今度は自分がそうじゃないことに対して居心地が悪くなります。

そして、やる気は自然に湧いてくる。

ここまでこの文章を読んでみて「ちょっと試してみようかな」と思えたらいいけれど、「なんかそこまでやる気はないな……」と感じたとしたら、もしかしたらそれはセルフイメージの仕業かもしれません。

SWITCH 14

すごい集団にいると、勝手に自分もすごくなる。

セルフイメージをアップさせるにはどうしたらいいか？

荒療治ではありますが、効率のいい方法があります。

それは「自分がめざしているゾーンにいる人たちの、輪の中に飛び込んでしまうこと」です。


はじめは居心地がすごく悪いでしょう。

コンフォートゾーンの外にあるゾーンだから当然です。

緊張してすごく疲れる。飛び交う会話にも入れない。顔を右に向け、左に向け、まるでテニスの観客みたい。

「お先に失礼します」といって退出するときにはほっぺが痛い。

ずっと変な笑い方をしていたから。家に帰ってからほっとする。

いるべき場所はやっぱりここだなって、しみじみ思う。

でもその人たちのところへ何度か通っているうちに、**いつの間にか「こっちにいる方が楽かも」という状況になっていきます。**

そこにいる人たちが使う、「独特の言い回しや専門用語」がありますが、どうもその口癖が移るスピードに合わせて、セルフイメージは高まっていくようです。

「成功するのは一部の人間」というのは、成功しない人たちの間に浸透している常識。

たしかに成功する人たちは、全体の数と比べるとごく一部かもしれません。

でも、その人たちは集団で固まっています。

そしてその中にいる人たちは全員成功していきます。

まさに**「成功する鳥は群れをなして飛んでいる」**のです。

上をめざせるかどうかは、「上にいる人たちの集団に入れるかどうか」にかかっています。

入りやすくはありません。

人にはエネルギーの高低があるからです。

エネルギーは水と同じように、高いところから低いところへ流れていきます。

成功している人たちは、そのエネルギーが有限なことを知っているから、エネルギーの低い人が、自分たちのテリトリーに新たに加わってくることを嫌うでしょう。

だから大事なのは、あなたがどれだけ集団にエネルギーを与えられるか。

アピールするのではなく、お役に立とうとすること。

楽しそうな雰囲気で、「なんでもやらせてください」という姿勢を見せることです。

SWITCH 15

息をするように他人の魅力をほめる。

脳は「言語」を使って思考しています。

どんな言葉を知っているか、またどんな言葉をよく使うかによって、あなた自身が影響を受けることになります。

だから「口癖をよくすると、人生がよくなる」と言われています。

いい言葉を使い、前向きなことを話し、口元をきれいにした方がいい。

しかし。

それはなかなか意図してできるものじゃありません。

誰かと話をしているとき、たいていは無防備な状態になってしまうからです。

意図的にいい言葉を使うために、簡単なのは「人をほめる」こと。

いつもおしゃれですね。すばらしい才能をお持ちですね。その髪型、似合っていますね。

頭の回転が速いですね。気くばりの天才ですね。

そんな風に人をほめることで、相手はきっと喜んでくれます。

でも、それ以上に、実はあなた自身を喜ばせているらしいのです。

なぜなら、人間の脳には「主語を認識せずに処理する」という特徴があるから。

「Aさんはすごい」「Bさんはすばらしい」と言ったとき、あなたの脳は「私はすごい」「私はすばらしい」という処理をしているのです。

反対に、悪口は全部自分に跳ね返ってきます。

「あの人は最悪だ」と言えば、あなたの脳は「私は最悪だ」という処理をするらしい。

つまり人をほめて、人のやる気を引き出せる人は、同時に自分をほめて、自分のやる気を引き出しているわけなんです。

SWITCH 16

「現実の歪み」を直す3つの言葉。

アファメーション。

なりたい自分になるための、おまじない。

声に出してみるだけで、自分の心に「素敵な傾向」を与えてくれる言葉があります。

一番おすすめなのは、

「すべてはうまくいっている」

という言葉。

いいことが起きるとハッピーになり、悪いことが起きるとがっかりする。

こういう反応をするということは、「自分の外側にある出来事」に主導権を握られているということです。

目の前で起きた出来事に心を惑わされないために、悪いことが起きてめげそうなときは、すかさず「すべてはうまくいっている」とつぶやきましょう。

すると、「わざわざこういうつらい出来事が起きることによって、後のハッピーエンドへの展開につながっていくんだな」ということに気づくことができ、同時に心のスクリーンに映る風景がぱっと明るくなり、解決する扉が見えてくるはずです。

次におすすめするのは、

「凄いことはアッサリ起きる」

という言葉。

(凄い成果を出すためには、相当な努力や苦労が必要だ)

そう思い込んでいるうちは、もし目の前にツルツルとうまくいくチャンスがあったとしても、きっと気づかないし、目に入らないようです。

でも「凄いことはアッサリ起きる」とつぶやくことによって、急に今まで見えてこなかった、いい方法を見つけることができたりします。

チャンスというものは、「受け入れる準備ができた瞬間」から集まってくるようにできています。

つまり、ずっとやりたかったことや欲しかったもの、というのは、案外まわりが驚くほど簡単に実現したり、手に入ったりするようなものなのです。

最後におすすめするのは

「私は光を選択する」

という言葉。

光が濃ければ、それだけ影も濃くなります。

物事には光と影があります。

だけど人は明るいことよりも、暗いことを信じやすい。

だからイライラしたり、怒ったりしているときは、さらにイライラしたり、怒りたくなるようなことを引き寄せてしまいます（心のどこかでその状態を喜んでいるようなふしもあります）。

でもハッピーな状態じゃないと、ハッピーな出来事は引いてこれません。

だから私は「自分の人生はハッピーで、面白いことばかりだ」と思いたい。

その気持ちがブレそうなとき、「私は光を選択する」とつぶやくことにしています。

それだけで、物事の光の部分にフォーカスすることができるから。
そして、心の穏やかさに触れることができるから。

SWITCH 17

もう解決した気持ちで話す。

溺れる人を助けようとして、自分も溺れてしまうことがあります。

救助には、技術が必要です。

人から相談を持ちかけられると、頼られているようで、つい嬉しくなるときがあります。

でもいきなり悩んでいる人の気持ちに、のめりこまない方がいいでしょう。

あいて「困ってるんです」

あなた「こうしたらいいんじゃないかな。あとこうこうこうしたらいいよ」

あいて「あーそうですよね……（流される）」

あなた「（え？　いま答えを言ったのに！）」

悩んでいる人は、自分がどちらに向いているかわかっていないから、解決法を受け入れることができない。


本当に知りたがっていることは方法ではなく、出口なのです。

だからまずは出口を見定めた方がいいでしょう。

その悩み事が解決されたときに、相手が一体どんな気分になるかを想像し、その気分でまず自分の心を満たす（つい微笑むか、穏やかな気持ちになるでしょう）。

その上で、自分が思っていることを伝えてみます。

解決法じゃなくて、別に世間話だっていい。

伝えるべきなのは、解決法よりも「解決したときの心の波長」なのです。

あいて「こうこうこうで、困っていて……」

あなた「そうか！　でも君なら楽勝でしょ♪　あ！　ところで、この間の話、うまくいったらしいじゃん！」

あいて「ハイッ！　よかったですー！」

下がり気味だった状態からポンと抜ける。

そうすると相手は、みずから解決法を見つけるか、アドバイスを受け入れてくれるはず。

SWITCH 18

鏡の中でやる気を出す。

自分のやる気を簡単にチェックする方法。

それは鏡を眺めて、「自分の目」に力が入っているかどうかを確認すること。

集中しているときや、やる気があるときは、目に力が入っているはずです。

しかし自分でも気づかないうちに、目から力を抜く癖がある人がいます。

自分が話しているときはいいのに、他人が話しはじめるとたんに目から力が抜ける。

自分のことが話題になっているときはいいのに、他人のことが話題になるとたんに目から力が抜ける。

そういう癖が自分にもないか、確認しておくのはおすすめです。

なぜなら、目の力を抜いていると損をすることが多いからです。

他人の話も文章も頭の中に入ってこない。

相手に対してても「この人に話してもムダかも」という印象を与えてしまう。

こんな風にやる気は、ポーズや状態として現れてきます。

逆もまた真なり。

やる気が出ているときのポーズや状態にするだけでも、実際にやる気が出てくるものです。

運動して汗をかくとやる気が出ますが、サウナに入って汗をかいてもやる気が出ます。

腹筋に力を入れ続けているとお腹が出ませんが、それと同じように、意識して目に力を入れ「やる気がありそうな目」にするだけでも、やる気は逃げていきません。

あなたはやる気があるとき、一体どんな状態でしょう？

SWITCH 19

人は変わろうとしないと変わり果てる。

あなたは、あなた自身に飽きていないでしょうか？

もし飽きているなら、生きる目的を変える時期がきているのかもしれません。

どんどん変わる人は、むしろ「変わらないですね」と言われ、変わろうとしない人は、どんどん変わり果てていくものです。

自分に飽きたくなければ、「現状に飽きる」必要があるのです。


本来、人が働く目的は「食べていくため」でした。

つまり餓死しないためです（そういう時代は胃袋がやる気にさせてくれました）。

それから、敵や天災から身を守りたいと思いました。

そこを出発点として、欲求は段階的に変化していきました。

1　生理的欲求……食欲、睡眠欲など、生きる上で必要な欲求。
2　安全に対する欲求……危機回避や健康維持など、未来に対する不安から自分の身を守りたい欲求。
3　愛情の欲求……愛されたい欲求。人からよく思われたい、嫌われたくないなど、集団に対する帰属欲も含む。
4　尊重の欲求……社会的ステータスを築きたい、人から認められたいという欲求。
5　自己実現の欲求……「自分はこうありたい」という、自分がなすことへの欲求。
（マズローの五段階欲求より）


人間はそれが満たされると、飽きてしまいます。

今のあなたの「生きる理由」は、どの段階でしょう？

もう、それほど欲しくない。もう、そこまでしてなりたくない。

そういう気持ちに気づくことができたら、「欲求の質」を変えるチャンスです。

もし自分の欲求だけでは心が動かなかったら、欲求に「公」を加えたらいいかもしれません。

「欲」＋「公」＝「志」。

「成果を出したい」という気持ちを、「仲間と成果を出したい」へ。

「自分が楽しみたい」という気持ちを、「楽しいものを広めたい」へ。

「自宅をよくしたい」という気持ちを、「住んでいる街をよくしたい」へ。

「志」が生み出すやる気には、ほとんど限界がありません。

テンションを上げてはいけない。

少し感覚的な話です。「がんばる」というと、がむしゃらにやってしまう。「全力で」というと、力ずくでやってしまう。

大事なのは「気持ちをこめてやる」という心の状態です。

やる気の正体は「集中」であって「興奮」ではありません。「集中」と「興奮」はよく似ていますが、全然違います。「全身全霊」と「一生懸命」の違いでもあります。

「全身全霊のときのみ神意が働く」という言葉がありますが、集中していると、自分の力以上の見えない力が働くのです。

興奮してテンションを上げるのではなく、集中して、「テンション高めの平常心」をキープする。

筆を持った書道家のように、心は静かに澄んだままで。

どんなに忙しいときでも、静寂を感じている人が、結果的に一番仕事が早いのです。

SWITCH 21

目の前の小さな作業を丁寧にやる。

膨大な量の仕事を目の前にすると、クラクラして焦ってくる。
瞬く間にやる気が失せ、気持ちがブルーになってくる。
こんなときこそ、やる気（そして晴れ晴れとした気持ち）が必要だというのに。
消えていくやる気を復活させるとっておきの方法。
それは「目の前の小さな作業を丁寧にやること」です。

長くて頭に入りにくい書類を処理するときは、むしろ時間をかけて、文章をじっくり味わうように読む。
仕事が多すぎてどこから手をつけていいかわからないときは、
目の前のごく簡単な作業を、まるで神聖な儀式に取り組むような気持ちで片付ける。
部屋の掃除が面倒くさいと感じるときは、

とりあえず目の前のほんの一ヵ所だけ完璧に仕上げよう決める（そうするといつの間にか部屋全体が魔法のようにきれいになっていくもの）。

このように、「今」に「心」を存在させることによって「念」となり、私たちは凄まじい力を発揮します。

いつもやる気にあふれているように見える人は、実はそのカラクリをよく心得ていて、はじめるときはいつも自分の心にやさしくはじめているんですね。

SWITCH 22

自分を甘やかしながら誘導する。

「仕方ないんだ！　やるしかない！」

そんな風に自分の本音を無視して、無理やり自分を働かせることはないでしょうか。

そうすれば、一時的には乗り切れるかもしれません。

でも何度も繰り返していたら、だんだん心が動かなくなり、やる気が出にくくなってしまうでしょう。

冷めて固まった心を、急に動かすことはおすすめしません。

じゃあどうすればいいか？

丁寧にウォーミングアップして「その気」にさせるのです。


たとえば、人に会うのが嫌なときがあります。

緊張したり、怖くなったり、億劫だと思ったりする。

そんなときは、「なぜそう思うんだろう？」とその原因を探ってみます。


緊張するのはなぜだろう？

あの人にだけはよく思われたいから。

怖いと思うのはなぜだろう？

仕事がすごくできる人だと聞いているから。

億劫なのはなぜだろう？

メリットがなさそうだと判断しているから。

原因を分析し、把握できるだけでも、少なくとも「嫌な感じ」は半減するでしょう。


また、行こうと思っていたのに、いざ出かける前に急に面倒になることもあります。

そんなときは、自分をだましだまし、うまくちょろまかしてその気にさせる。

子供を導くのと同じ。叱りつけない。

「面白くなかったら、途中で帰ってきてもいいいんだよ」

こんな風に、やさしくやさしく言い聞かせます。

「行きたくないときって、案外後になって行ってよかったって思うよ」

「ちょっと様子だけでも見に行こうよ」「軽い気持ちでさ。無理しないで。なにも結果を出さなくていいから」

まあ、それならいいかな。じゃあちょっとだけ行ってみようかな。

そんな気持ちで出かけてみると、ぱっと気分が晴れて、期待以上の結果が出たりするものです。

SWITCH 23

一日一回「ひとり会議」をする。

一日一回、ひとり会議。

自分が気持ちいいと思うお気に入りの場所で、美味しいコーヒーでも飲みながら、ノートに気になること、浮かんでくることを書き出していきましょう。

深い意味を考えず、ただただ書き出せばいい。

スマホで言うなら、今まで自分の中に存在して、データ量が膨大になっていた数々のことを、クラウド上に保存するようなもの。

頭の中の処理スピードが速くなっていって、「心の中にあること」と静かに向き合えるようになります。

押しとどめていた感情を外に出すだけでも、気持ちはずいぶん高まるでしょう。

その感情を外に出したことで、さらにその下にあった感情が現れることもあります。

それを書き出せば、下からまた違う感情が浮上してきます。

一番上にある感情が邪魔して、下でくすぶっている感情が出てこられない。
その状態が「なんとなくやる気が出ない」状態です。
だから書く。書き出せたら、自然にやるべきことが見つかってくる。

「昨日はちょっと偉そうだった？」↓次、喋るときは気をつけよう。
「お酒を飲みすぎた？」↓今日はお酒を抜こう。
「あの人のプライドを傷つけた？」↓とりあえず連絡してみよう。

解決に時間がかかることもあるかもしれません。
でもまずはやるべきことを、把握することが大切なのです。
把握すればするほど、新しい「ひらめき」がやってくるでしょう。

SWITCH 24

「当たり前」と思った瞬間、疑う。

どんな人にも「メンタルブロック」がかかっています。

メンタルブロックとは、思い込みによる意識の壁です。

この壁は、経験すれば経験するほど、知れば知るほど、思えば思うほど強化されていくもの。

「○○に決まっている」と疑いもなく思っていることがあったら、それはもしかするとメンタルブロックかもしれません。

たとえば、

「お金を受け取る」

ということに対してブロックがかかっている人は……、
お金がなくても幸せになれる。お金を求める人は卑しい。お金持ちにはロクな人がいない。お金を手に入れるのは難しい。

などと考える傾向があります。

「人から愛される」

ということに対してブロックがかかっている人は……、
結婚なんてできない。パートナーがいると不自由だ。私なんか誰も見てくれない。前に付き合った人以上の人なんて現れない。

などと考える傾向があります。

そういう思い込みを持つことは、お金やパートナーにめぐまれることを、自分から避けているのと同じことになります。

厄介なメンタルブロック。

それを外すためには、どうしたらいいか？

まず、「そんなものが自分の中に存在する」ということを思い出すこと。

そして、ふだんから疑いもなく思っていることについて、ときどき疑ってみること。

たとえば「お金がなくても幸せになれる」「恋人なんていらない」などと思ったら、「なぜそう思うんだろう？」と考え直してみる。

そうすると「お金を受け取る」「人から愛される」ということに対する、メンタルブロックの存在に気づくことができるかもしれません。

それが必要なら問題ない。でももし不必要なら外してしまった方がいいに決まっています。

どうすればいいか。

やり方はさまざまだけど、一番簡単なのは言葉にしてみること。

「私がお金持ちになることを許可する」「私が人から愛されることを許可する」

そんな言葉を口にしてみて、自分の外にポンと出てみましょう。

SWITCH 25

「言葉と名前」は見逃さない。

言葉と名前を覚えましょう。

世代も、国も、分野も、方言も関係ありません。

言葉や名前ならばなんでもいい。知らない言葉や名前と出会ったら、できるだけ流さずに、記憶にとどめてください。


脳は言語を使って思考していることもあり、知っている言葉や名前が増えるほど、それだけ思考の幅を広げていってくれます。

はじめに言葉ありきなんです。

新しい言葉や名前を知ると、新しい概念が加わります。

あなたの世界観が広がります。

そして今まで見えなかった世界が、突然目の前に現れます。

今まで聞こえなかった話が聞こえるようになってきます。

ひとつ言葉を覚えると、その言葉はたいてい3日以内に街の景色や人との会話の中に再登場することでしょう。

それはなにも不思議なことではありません。

ただほんのちょっと意識するだけで、それほど身近にあった言葉や名前だということなのです。

SWITCH 26

「毎日普通にやってること」を違う目で見てみる。

生涯の仕事について。

何歳になっても「本当にやりたいこと」というものは、なかなか見つからないでしょう。

「本当にやりたいこと」は探そうとしても、なかなか見つからないでしょう。

でも視点を変えて「お役に立てそうなこと」を探しはじめると、
答えはわりとすぐに見つかるもの。

お金や幸せや自由さは、「してもらっていること」と「させてもらっていること」の差から生まれます。

「させてもらっていること」が多ければ、それだけ手元に残るはずなのです。


では一体、自分はなにを与えられるだろうか？

その答えを知る方法はただひとつ。

日常生活には「やらなきゃいけないこと」が無数にありますが、
その一つひとつに対して丁寧に、全身全霊で取り組んでみることです。
するとと必ず「ああ、これは好きだったな」ということを思い出します。
そのことに取り組んでいる時間はまるで矢のように過ぎる。
それはもしかすると、あなたにとってはごく平凡な作業かもしれません。
でもそれを一生懸命することが、あなたが「生まれてきた理由」なのかもしれません。

SWITCH 27

あわてたらスローモーションで動く。

心が乱れると、心に映る現実も乱れてしまう。

乱れた現実の中にいると、すべてが狂いはじめる。

パニック状態になり、急がねばと焦りながら、どうでもいい仕事を一生懸命にやっていたりする。

肩に力が入り、心に力が入らない。

緊張ばかりして、集中できない。本末転倒だ。

そんなときは、まず呼吸を整えてあげましょう。

ゆっくり吐き出して、ゆっくり肺に空気を送り込むんです。

すると、心に映る現実が安定しはじめてきます。

肩の力を抜くのは案外、難しい。

でも手首から先、そして指先の力を抜くのは簡単です。

指先の力が抜けると、肩の力も抜けます。
心が安定しているときは、呼吸が安定し、肩の力が抜けています。
だから呼吸を安定させ、肩の力が抜けると、心も安定していくのです。
(安定した呼吸でイライラしたり、手首から先の力を抜いてイライラするのは難しい)

もうひとつの方法。
すべての動作を、わざとゆ〜っくりしてみる。
自分の動き一つひとつに、まるで残像が見えるような感じで。
私が大切にしているイメージは、大勢の人が行き交うスクランブル交差点の真ん中で、
老練の音楽家がゆったりとピアノを弾いている姿です。
あのイメージの中に入ると、時間が自分のものになります。

SWITCH 28

毎回違う作戦を立てる。

あなたはこれまで生きてきた中で、いくつかのチャレンジをして、いくつかの結果を出して、認められてきたことでしょう。

それらの成功体験はすべて自信となり、生きる糧にもなっている。

成功体験こそが人生の宝だ。私は長年ずっとそう思っていました。

しかしあるときから考えを変えました。

島の旅館に泊まったとき、ゴミ箱にこんな貼り紙を見かけた瞬間から。

「燃えるゴミと、過去の成功体験はこちらへ」


人はひとたび成功すると、ついつい以前と同じ手順を踏みたくなります。

けれど、それは「成功体験がひとつの固定観念を作ってしまった結果」だとも言えます。

多かれ少なかれ、前回と今回のチャレンジとでは、条件、流れ、立ち位置、構成メンバー……など、いくつかの要素が変わるでしょう。

人々の価値観だってあっという間に変わる。

だから同じことをしていても、次またうまくいく保証なんてどこにもありません。

ある日突然、「前のやり方だとうまくいかなくなった」と気づいたときには遅いのです。

「うまくいく」のではなく「うまくいき続ける」ためには、

やり方はいつもゼロから考えて、緊張感をキープしたまま、次の仕事にのぞんだ方がいいのです。

それは楽ではありませんが、仕事をずっと楽しむコツでもあります。

SWITCH 29

好調なときは基本に戻る。

人はなぜスランプになるのでしょう?

調子が悪いからなるのではない。調子がいいからなるのです。

こんな話を聞いたことがあります。

野球の鉄則のひとつに「バッターは自分が苦手な球に手を出してはいけない」というものがあります。

優れたバッターはピッチャーとの駆け引きの中で、自分の打ちやすい球を粘り強く待つ。

追い込まれているならともかく、苦手な球を打つことはしません。

だけど好調が続いていると、ついつい苦手な球にも手を出してしまう。

好調なので、バットにしっかり当たるし、ヒットにもなる。

しかしそれが問題です。

自分が苦手な球に手を出すたびに、微妙にフォームが崩れてくるからです。

知らないうちに歯車が狂い、あるとき突然、まったく打てなくなってしまう。
あわてて元に戻そうにも、戻し方がわからない。
これがスランプの仕組みだと言います。

もし今あなたが、がんばっているのになかなか結果が出ないのだとしたら、ちょっと前までは絶好調だったかもしれません。そのとき調子に乗って、いい加減なやり方をしていたのかもしれません。
調子がいいときほど、自分のスタイルに忠実に、基本を大切にし、謙虚に過ごしてください。

好調はずっと続くものではありませんが、調子に乗らなければ、不調もずっと続くことはありません。

SWITCH 30

今調子がいい人の話を全部メモる。

では、もしスランプになってしまったら。

まず、あわてないこと。スランプのときこそ、心を静めましょう。

嵐の中でビバークする登山家のように、静かな心で不調の嵐が去るのを待つ。

心が落ち着いたら、とにかく素直な気持ちになる。

そして、うまくいっている人に会いに行くこと。

運気の高い人に会うと、それだけで運気が上がるからです。

自分がうまくいっていないときに、うまくいっている人の話を聞くのはパワーがいることでしょう。内容がちっとも耳に入らないし、心の琴線にも触れにくい。

だからルールとして、全部メモを取ることにしてください。

そのメモを、家に帰って自分なりにまとめてみる。すると、急にやる気が出てきます。

いい情報は触れるだけで、人を好調に戻してくれるようです。

SWITCH 31

目標をABCに設定する。

目標は「どうやって達成するか？」よりも、
「どうやって設定するか？」という方が重要です。
ひとつ目標を立てても、ワクワク感が途中でなくなりそうな、
がんばっても到底、達成できなさそうな、
簡単過ぎて、緊張感がなくなりそうな、
そんな予感がしてきたら、やる気は続きません。

だから目標は「A・B・C」の3段階に設定するのがおすすめです。
A目標は、とんとん拍子にいったら達成するかも、というレベルの目標。
B目標は、ちょっと背伸びをしたら達成できる目標。
C目標は、最悪でもこれだけは達成するという目標。

最後のC目標の設定が、今後を決定づけます。
これだけは、たとえ持ち崩したとしても死守するのです。
これは自尊心を守るための目標だから。
自尊心さえ失わなければ、何度でも前に進むことができます。

SWITCH 32

一流のものだけに触れる。

アンティークとボロの違いは、時間が経つことにより、価値が上がるか下がるかの違い。

人間も同じ。年齢を重ねるごとに、価値が上がったり下がったりします。

骨董屋の弟子を育てる一番の方法は、いい品だけをひたすら見せ続けることだそうです。

これが本物、これが偽物だと教えても審美眼は育たない。

本物だけに触れ続けることで目が肥え、知らず知らずセルフイメージが上がっていく。

重要なのは、「本物」を自分にとっての「標準」にしていくことです。

一流ホテルのカフェで時間を過ごしてみてください。

美術館に行ったり、クラシックを聞くのもいい。

セミナーを聞きに行ったり、すごい人と会う機会も欲しい。

いいものだけに触れ続けていれば、やがて見えなかったものが見えはじめるでしょう。

SWITCH 33

嫌いな人を見て、自分のことを知る。

好きな人もいれば、苦手な人もいる。愛せる人もいれば、そうじゃない人もいる。

あの人のこういうところが嫌いだ。なんでその人のことが、そんなに嫌いなんだろう？

その答えは「あなたもその要素を持っている」からです。

あなたが忌み嫌い、隠しているその要素を、その人は人前でかまわず露出している。

自分はそんな部分は見せたくない。なのにその人は見せてくる。

だから腹立たしい。あなたの無意識は耐えられないのです。

だからまず「この人のここが嫌だな」と感じたら、「この要素と同じものが、自分にもあるんだ」と気づいてください。あなたは、自分の中のその部分を嫌っている。

そんな自分を受け入れ、そんな自分を好きになる。

そして、その人とまっすぐ向き合う。

なぜなら、教わることがいっぱいあるからです。

SWITCH 34

ご先祖様を思い出す。

自分がのぞむ世界を、見る、触れる、聞く、味わう、嗅ぎ取る。
五感を使い、未来を鮮明にイメージできれば、のぞみというものは叶っていく。
この法則を知っている人はきっと多いでしょう。
ではなぜ、ほとんどの人はなかなか実行に移すことができないのでしょうか。
私の友人は「その向こうに死があるからでしょう」と言いました。
理想の家を建てる。その家は10年、20年とどんどん古くなる。
子供を持つ。その子供が成人になったとき、自分はいくつになるだろう?
50歳になれば親が80歳を過ぎて、介護が必要になるかもしれません。
こんな風に、未来のイメージをリアルにすることによって、
少しずつ「死」が見え隠れするようになります。

死との決着がついていないと……未来を思い描くことに実は恐怖を感じています。

だから知らず知らず、視線を先の未来から、足元の現在に戻してしまうのかもしれません。

死とは、自分の存在すら消えてしまうこと。

その事実を受け入れるのは難しいでしょう。

でも、執着を手放し、あきらめることならできそうです（人間は致死率１００％ですから）。

「死」について考えるのは、「生」について考えるのと同じ。

リアルに未来を描くために必要です。

私は個人的に、輪廻転生を信じています。

何度も何度も生まれ変わりながら、学び、タマシイを磨いているんだと思うようにしています。

そして最も自分を磨くことができるのが、「仕事」とか「役割」だと信じています。

今回の人生は、一体どこまで磨けるかな？

そう思うだけで、素敵な未来がくることを、心からのぞめるようになるんです。

PART 2

やる気の「出し方」の話

SWITCH 35

最近嬉しかったことを思い出す。

ここから先はさらに詳しい話に移ります。


やる気は「続くもの」だと思っていると続きません。

一方で、

「今はこんな気持ちだけど、この気持ちはいつか消える」

と気づいている人だけが、やる気を長続きさせることができます。


恋愛もそうです。

「こんなに好きだから。絶対間違いない！」

と自分の感情を信じる人は、感情が変わったときが別れのタイミングになります。

一方で、好きだという気持ちをキープできる人は、

「今はこんなに好きだけど、感情はだんだん変わるものだから」

ということを知っています。

気分というものは捉えどころがありません。

「私ダイエットする！　……このケーキを食べたら」

「勉強しよう！　……あ、今日は観たい動画があるから明日にしよう」

という風に目の前の誘惑に負けてしまう。

この一瞬ですら思いどおりにならないわけだから、

毎日の暮らしを思いどおりに動かすのは難しそうです。

やる気は自分の中にあるのに、なかなか自由にコントロールさせてもらえない。

誰もがそうなんです。

いいことが起こると、やる気が出る。

悪いことが起こると、やる気をなくす。

いつも外で起きていることに反応しているんです。

だからなにも工夫をしなければ、

やる気は「自分のまわりで起きた出来事」に左右され続けることになります。

一方で、いつもエネルギッシュで、やりたいことを実現できる人は、気分に左右されるのではなく、気分を意図的に左右する方法を知っているのです。

たとえば、

1、最近嬉しかったことを3つ、思い出してみてください。
2、それぞれ、どんな風に嬉しかったか、考えてみてください。

「最近」で思い当たらなければ、ちょっと前の出来事でも大丈夫です。


これは自分の気分を意図的に上げる、簡単な方法のひとつ。

誰かと会話をするときも、

「最近嬉しかったことある？」

「え？　そんなのないよ。……ああ、そう言えば」

というやり取りからはじめてみると、「場の気分」が上向きになりやすくなります。

嬉しかったことを、脳内で拾い集めてみる。

こんなちょっとしたことで、お互いが持ち味を発揮できる心の状態になり、いいアイディアも出やすくなるはずです。

SWITCH 36

自分らしさは、自分が決めている。

ちょっとだけ意識を変えるための工夫をする。
すると、今までとはまるで違った真実が見えてくる。
そんな不思議な「やる気」の正体は、実はこういう仕組みでできています。

1、セルフイメージ（自分に抱いているイメージ）
2、ホメオスタシス（生き物が変化を拒み、一定の状態を維持しようとする働き）
3、スコトーマ（心理的盲点）

なにかのきっかけで〈セルフイメージ〉が更新される。
すると〈ホメオスタシス〉の力によって、現状維持の状態に耐えられなくなる。
すると〈スコトーマ〉がなくなって、元々「ない」と思っていた方法、アイディア、人脈などが自然に見えてきて、努力感なく、結果を最大化することができる……というわけです。

なんの話をしているのか、ちょっとピンとこないかもしれません。

でもこの先の説明を読んでいただければ、きっと

「あーわかる、それ今まで何度も経験してる」

「いつもやる気をなくしちゃうのは、その仕組みのせいだったのか」

と感じていただけるような、ごく身近なお話なのです。

セルフイメージ。
自分らしさは、自分が決めている。

私たちの人生はまさに捉え方次第です。

誰にとっても同じように、確かで、間違いのないものなんてひとつも存在しません。

ある出来事が起こると、脳がその出来事を「編集加工」するからです。

その編集加工されたデータのことを、私たちは便宜上「人生」とか「経験」と呼んでい

ます。

それだけのことなんです。

同窓会に行き、同級生たちと何十年ぶりかに会った。

あのころはああだったねーと昔のことを語り合うのは楽しいもの。

ところがときどき自分の過去に対する認識が、〝ものすごく〟間違っていたことに気づかされることがあります。

「あのとき、こうだったよねえ」「ちがうよ」「うそ？　こうだったでしょ？」「絶対ちがうって。うそだと思ったら○○さんに直接聞いてみなよ」「え？　そうだったの？　うわーおれの過去を変えないで……」

自分の中では確固たる事実として認識されていたのに、それがとんでもない勘違いだったとわかる瞬間です。

「○○さん、好きだったんだよ」

「ホントに？　あのとき知りたかった……てっきり嫌われてると思ってたよ」

「本人の前だと照れて、目も合わせられなかったみたい」

このように、過去のデータには間違って認識されている点がたくさんあります。

そんな過去を参考にして、未来を決めるというのはなんてあやういことでしょう。

とんでもなく古いカーナビを頼りにして、まったく知らない土地を運転しているようなものです。

今、あなたの目の前には無数の選択肢があり、
自分の好きな未来を自由に選ぶことができます。
それでも私たちは過去の影響を避けることはできません。

今まで行動を起こすたびに、なにかしらの結果が生じてきました。

その結果は、

「うまくいったこと」「まあまあだったこと」「ダメだったこと」

に分類されて、記憶にしまわれていきます。

そしてある年齢に達したころから、過去「ダメだったこと」は最初から選択肢に存在しなくなります。

なぜでしょうか？

ずっと〝選択肢から外し続けてきた〟からです。


たとえばこんなのはどうでしょう。

子供のころ、音楽の授業で歌を歌ったら「音痴だね」と笑われ、傷ついた。

そして母親からは「もしつらかったら、別に歌わなくてもいいわよ」と慰められた。

就職してお付き合いでカラオケで歌ったら、周囲の雰囲気がよそよそしくなった。

するとこの人はきっともう人前では歌を歌わなくなるでしょう。

もしカラオケに誘われても、反射的に「私はやめておきます」という言葉が出てくるようになるのです。

繰り返しますが、もうこの人は二度と、人生の中で「人前で歌うこと」を選択しません。

いくつかミスを重ねたことは、今後パスをするようになります。

反対に、かつて「うまくいったこと」に対する信頼をますます強めます。

こうして私たちは「過去の最適化」をするのです。

SWITCH
37

ランチの値段にも「自分らしさ」がある。

「私は、あの人ほどすごくない」

「でも、あの人よりは少しマシかも……」

「私はだいたいこれくらいの人間だ」

自分はこれ以上ではないけど、自分はそれ以下でもない。この範囲内にいるのが自分。

こんな風に**心の一番奥底で、自分が自分に対して抱いているイメージ、または与えている評価**があります。

この〈セルフイメージ〉は、過去の経験を基に自分のことを限定しているもので、仕事、家族、趣味、人間関係、健康……などあらゆることに対して作られています。

たとえば「コンビニのおにぎりだけで済ますのは嫌だけど、さすがに2000円以上出すのはちょっと高いかな」と制限するのは、「ランチに対するセルフイメージ」。

食事内容とは関係なく、自分が自分自身に与えているランチの価格イメージを、自分なりに表現しているわけです。

このように、すべてのことにおいて「自分は○○以上ではないが、○○以下でもない」と範囲を決めることによって、あなたは自分の個性を表現しています。

この範囲はコンフォートゾーン（心地よい場所）と言って、その中にとどまることによって、私たちは安心感・安全感を得ることができます。

セミナーやトークライブに参加したとして、自分がいつも座りがちな席の位置はどこでしょうか？

おそらく、いつもだいたい「自分」にとってふさわしい位置を選んでいるはずです。

「後ろの席しか空いてないのか……」とがっかりする人もいれば、「え？　こんなに前の方しか空いてないの？」とあわてる人もいるでしょう。

セルフイメージどおりに事が運ぶと居心地がよくて安心で、イメージから外れそうになると不快感が生まれ、気が休まらなくなります。

あなたはいかなるときも、自分のセルフイメージにふさわしい行動を取ります。

ということは、つまり、セルフイメージさえ理想的なものに更新されたら、理想的な行動を取れるようになるというわけです。

SWITCH
38

「できない」のではなく、本当は「したくない」と思っている。

どうすればセルフイメージを更新できるのでしょうか？

残念ながら、セルフイメージというものは、更新しようと思っても、簡単に更新することはできないものです。

それにはこういう理由があります。

私たちが認識できる意識のことを「顕在意識」と言い、それに対して認識できない意識のことを「潜在意識」と言います。

「無意識のうちにやった」ということは、「潜在意識がやった」というのと同じことです。

この「顕在意識」と「潜在意識」が私たちを支配している割合は、ビット数に換算すると、**1秒間あたり「140ビット（顕在意識）」対「20000ビット（潜在意識）」**だと言われています。

なにか行動を起こす前に、毎回140人対20000人のバトルがおこなわれると想像したら、つねに「潜在意識」の圧勝となるわけです。

そしてこの圧倒的多数派の潜在意識には、「いつもベストを選ぶ」という絶対ルールがあります。

今のあなたという人間は、生まれてから今日まで「ベスト」を選び続けてきた結果なのです。

「これでベストなの？」と疑わないでください。

ベストとは言っても、ふだん自分が意識していることではなく、「無意識のうちにやっている」ことに対してのベストです。

「心の底の底の一番奥底、で思っていること」に対して、ベストを選んできたわけです。

人間はすごいですね。

自分が心の底で思っていることを、つねに寸分たがわず完璧に実現しているのですから。

「やせたい」と考えていても、潜在意識は「好きなものを食べたい」と言っています。

「いい出会いがほしい」と考えても、潜在意識は「面倒くさい」と言っています。

なぜなら潜在意識は、「今のあなた」が大好きで、変わってほしくないんです。

「なかなかできない」というときは、本当は「したくない」と思っている。

そして、そうしないことをあえて選択しているのです。

実験してみましょう。

あなたが最近「やろうと思っているけど、結局できていないこと」をひとつだけ思い出してみてください。

「最近仕事が忙しくて、子供と遊んでやれていない」「ダイエットをしたいけど、会食が多くてなかなか続けられない」「必要な出費が多くて、貯金ができていない」など、なんでもけっこうです。

それを「〜したくなかった」「〜しないことを、あえて選択した」と言い換えてみてください。

「子供と遊べていない」は、「子供と遊びたくない」「子供と遊ばないことを、あえて選択している」という感じです。「ダイエットなんてしたくない。太ることを選択している」「貯金なんてしたくない。出費することをあえて選択している」です。

「それはちがう！」「そんなはずはない！」と、心の中で拒否しましたか？

実はその感覚がとても大事なのです。

その感覚を味わうことによって、ようやく変わるための心の準備ができるからです。

「できていない」「できなかった」という言葉は、ただそのまま思考を停止させるだけ。だからなにか「できていないな」と思ったら、「私はそのことをやりたくないんだ。そういうことなのか」と認識し直してみてください。

このように、セルフイメージは自分の潜在意識に働きかけ、しかも「自分にしか変えることができない」という特徴があります。「人間の脳にはそういった性質がある」と頭に入れておいてください。

SWITCH 39

「朝がつらい」のはみんな同じ。

すべての生物にはホメオスタシスが備わっています。

ホメオスタシスとは「恒常性」、つまり「いつもの状態であろうとする機能」のことです。

その機能のひとつとして、体温が上がりすぎると下げるために汗を出し、体温が下がりすぎると上げるために全身を震わせるなどの反応があります。

そんなすばらしい機能が、まったくの「自動運転」になっているというわけです。

なぜ自動運転かと言えば、なにもせずに放置すると生命が危機にさらされてしまうから。

昨日あなたは無事に生きられた。ということは、昨日と同じ状態を保てば、今日も生きられる可能性は高いわけですよね。

というわけで私たちの内部ではつねに「昨日と同じ、元の状態に引き戻そうとする力」が働いています。

それも身体的なことだけではありません。

実は、大脳が発達した人間のホメオスタシスの場合は、「思考的」なことにも働きかけてくるのです。

「やる気がめちゃめちゃ出てきたぞ！」という状態についてちょっと考えてみてください。やる気が出るというのは一見ポジティブなことです。

でも昨日までだらだらと生きてこられた人にとっては、異常な精神状態なのです。

つまりこのまま放置しておくと、もしかしたら生命が危機にさらされるかもしれない。

そこで、元の状態に引き戻す力が一気に働きます。

その結果「ゆうべは、なんであんなに熱くなってたんだろう？」と首をひねることになるのです（夜中に夢中になって書いたメール、今年の目標、事業計画書などを、翌日もう一度見直してみて「あれ？」と思った経験はありませんか）。

これもあなたの生命を守るために、ホメオスタシスが機能してくれているのです。

恋がまさにそうです。

四六時中、相手のことを考えてしまう。数日、連絡がこないだけでも苦しい。１秒でも早く会いたい。

そんな精神状態だったはずが、ある日突然、魔法が解けて、相手がごく普通の人になってしまう。

恋は異常な心の状態のため、あなたの身を守るために、元の状態に引き戻してくれるわけです。

その力が逆にうまく働くこともあります。

たとえば、こんなやり取りはよくあります。

「もう今の仕事は辞めようと思う。自分には向いてないってわかった！」

「まあまあ、もう少し冷静になって考えてみたら？」

「いーや。いくら考えたって答えは変わらないから」

とあれだけ熱くなったはずなのに、翌朝になってみると、

「一晩寝たらすっきりしたかも？　もう少しだけ続けてみようかな」

と気持ちが切り替わっていたりします。

これもホメオスタシスの力によって、自分を元のセルフイメージの範囲まで引き戻しているケースのひとつです。

やる気を出したけれど、しばらく経ったらやる気がなくなってしまった。

そんな心変わりが起きたとき、メンタルが弱い、飽きっぽい、自分に甘いと、自分のこ

とを責めてしまうものですが、これが「ホメオスタシスの仕業」だとわかっていたら、ちょっと自分にやさしくなれます。

あったはずのやる気をなくしたとき、「あ、これはホメってる?」と自分をフォローすればいいのです（この事実を小さいころから知っていれば、もっと楽に生きてこれたのに、と悔やまれます）。

SWITCH
40

弱音は吐き出すと、飽きてくる。

急にやる気を出すと、ホメオスタシスが働きやる気をなくします。

そんなときの対処法をお教えします。

まずは認識することです。

「これはホメオスタシスの仕業だな」と認識することで、どんどん湧いてくる否定的な感情やその理由（「やめておこう、なぜならば〜」という類のもの）をいったん客観視します。

たとえば朝起きて「昨日は面倒なことを約束してしまった……」と思った瞬間、まずは「お、これはホメオスタシスだな」と認識する。**この否定的な感情は、ホメオスタシスが作るまやかしの感情だと、客観的に捉えます。**それだけでも楽になれるはずです。そのまその感情をスルーできれば問題はありません。

スルーできなかった場合はどうすればいいのでしょうか。

「否定的な感情は表に出さない方がいい」という考え方の人もいますが、

私は「抑えた感情は心の中で拡大してしまう」と思っています。

ですから、否定的な感情はおおげさに出してあげたい。できるだけ拡大して、リリースしたい。

たとえば「やっぱりやりたくないかも」「ちょっと難しいかも」という感情が湧き上がってきたら、「やるわけ、なーい！」「絶対できなーい！」「ムリムリムリムリ！」と力いっぱい弱音を吐く。

吐いて吐いて吐いて吐きまくるのです。

すると、どうなるかというと、そんなことを言っている自分にだんだん飽きてくるのです。

気持ちが悪いときは、吐いて出した方がいい。出してあげれば楽になれます。

だからもしも身近な人が「やっぱりやめておく」というような弱音を吐いていたら、「そんなこと言わないで、やってみようよ」ではなく、「そうだね。やっぱりやめておいた方がいいかもね」と寄り添う姿勢で話を聞いてあげましょう。

SWITCH 41

やる気は出し惜しみする。

脳は急激な変化を嫌います。

だからやる気が出ても一気に出そうとせず、じょじょに出すのが正解です。

あなたの感覚的なものでかまいません。

やる気はまず「1割アップ」だと心がけるのがおすすめです。

しばらくして、馴染んだらさらに1割。また1割……。

このように脳に気づかれないよう、こっそりやる気を出していくことによって、ホメオスタシスの反動を避けることができます。

こうすることによって、セルフイメージだけが高くなっていくものの、「現実の自分」は元の場所に取り残されていくことになります。

するとある時点から、そこはもうすでに居心地が悪く、安心感を得られない場所になっているので、あなたはホメオスタシスの力を使い、新しいセルフイメージに向かってあわてて走り出そうとします。

周囲の目には、あなたの姿はこう映っています。

「あの人はすごい努力してるよね」「最近すごくがんばってますよね」

ところが本人には「努力している」という感覚がまったくないのです。

居心地が悪いから、新しいセルフイメージに必死に逃げ込もうとしているだけです。

今の場所にじっとしている方が、むしろ努力が必要な状態なのです。

たとえば今、ものすごくトイレに行きたいけど行けない状況で、それが「行ってもいい」という状況になれば、全速力でトイレに向かいますよね。

そのときに努力感はありますか？

セルフイメージさえ変えてしまえば、このホメオスタシスによる「とてもじっとできないパワー」を使って、大きな結果を出すことができるのです。

SWITCH 42

初対面はとにかく最高の自分を見せる。

人間の脳の大部分を占めている大脳。

大脳はなにかを考えたり、感じたり、言葉を話したり、記憶したりするための大切な装置です。

しかしその大脳は、なんと全体の約3%しか使われていないそうです。

たった3%です。なぜなのでしょうか？

それにはこういう理由があるそうです。

長い歴史の中で、人間の大脳は異常なほど発達してきました。

大脳だけが極端に大きいのです。

にもかかわらず、大脳にエネルギーを運ぶための消化器系は他の動物たちと大差ない。

つまり、消費できるエネルギー量に対して、大脳は大きすぎるというわけです。

もしこの大脳全体を動かそうとしたら、必要なエネルギーはなんと原子力発電所ひとつ分だそうです。

そんなにまかなうことができないので、〈スコトーマ〉が生じます。

〈スコトーマ〉とは「心理的盲点」のことで、必要以外の物事についてはブラインドを下ろし、能力を使わないようにしているのです。

約3％を使って物事を認識し、あとはすべて記憶に頼るというわけです。

私たちは初対面の人と出会うと、数秒間で「この人はこういう人だ」という認識を固め、自分の頭の中にその人の「アバター」を作成するそうです。

それ以降、その人と会話をするときは、エネルギーを節約するために、頭の中に作成した「アバター」に向かって話しかけることになります。

このことからも、「第一印象の見た目が大事」と言われる理由もよくわかります。

第一印象を更新するためには、数十時間の対話を要するそうですから。

生きていれば「うちの両親、急に老けたな……」と感じる時期もあるでしょう。

でもそんなことはありませんね。ご両親はじょじょに老けているんです。

ただあまり頻繁にご両親に会っていなかったり、たとえ一緒に住んでいたとしても毎朝、両親を事細かにチェックしたりしないものですから、あるときたまたまよく見てみたら急に老けたように感じるのです。

あなたはずっと「記憶の中のご両親」に向かって話しかけていたというわけなのです。

SWITCH
43

遠くに答えを探しにいかない。

大脳は約3％しか使われていない。

ということはつまり、100ある情報のうち97を捨てているとも言えます。


脳は自分にとって重要度の高い情報だけをキャッチし、あとは「見えない」「気づかない」仕組みになっているというわけです。

お花に興味がある人は、

「見た？　玄関に飾ってあったお花。あれ一輪だけでもけっこう値段するよね」

と気づきますが、

お花に興味がない人は、

「え？　花なんてあった？」

という反応になるかもしれません。

あんなに立派なお花だったのに気づかないなんて信じられない。

でもそういうものなんです。

脳はその人にとって、重要な情報しか取り入れず、あとはブラインドをかけているからです。

その証拠に、自分と同じ車種のクルマはよく見かけるでしょう。

自分が妊娠してみると、街のいたるところで妊婦を見かけるようになるでしょう。

ある企業やサービスを認識すると、その企業やサービスに関する話題をよく耳にするようになるでしょう。

元から存在はしていたのです。

でも、その存在を知らない人には見えない、聞こえないようになっています。

脳は「ここから、ここまで」と、自分にとって必要な範囲のものだけを取り入れます。

その範囲の中にある情報こそが、あなたのセルフイメージにふさわしい情報なのです。

というわけで、セルフイメージを変えることによって、情報のモザイクが外れて、今まで見えていなかったものが見えてくるようになるのです（人によってはその現象を「引き寄せの法則」と呼びます）。

まさに童話『青い鳥』のお話ですね。

さんざん遠くまで探し求めた青い鳥は、スコトーマが外れた瞬間「あれ？　実は幸せの青い鳥は自分の家の中にいたんだ」という風に見え方が変わりました。

近所のお金持ちがうらやましくて仕方なかった。

でも思い出やぜいたくによる幸福というものが儚いものだとわかり、セルフイメージが変わった瞬間、目の前にいた青い鳥が見えるようになったというわけです。

だから、なにかすばらしい結果を手に入れたいと思ったとき、はじめから人脈やアイディア、お金や方法を用意する必要はありません。

セルフイメージを更新すればいいのです。

あらゆるものが、もうはじめから自分の手の中にあったことに気づきます。

「そうだあの人に相談してみよう。なんでもっと早く気づかなかったんだろう」

という経験はありませんか？

セルフイメージが変わった瞬間、ポンッとアイディアが出てくるんです。

一方で、セルフイメージが変わらない限り、自分の周囲の環境をいくら変えようと思っても状況はきっと変わらないでしょう。

不幸になる人は不幸に対して敏感で、幸せになる人は幸せに対して敏感なセルフイメージを持っている。

ただそれだけの話なんです。

SWITCH 44

「自分の幸福」に許可を出せるのは自分だけ。

セルフイメージを上げるということは、当然ですが、自己評価を上げることです。

そのためには過去の自分の成功体験に、もう一度スポットライトを当てることになります。

大きな成功をおさめるほど、成功体験について語る機会にめぐまれ、セルフイメージを上げることになります。

一流と言われる人たちが、さらに実績を重ねられる理由のひとつがそれです。

しかし普通に生きていれば、成功体験を語る機会などめったにないでしょう（後輩に無理やり話して聞かせようとするようなパワハラ上司を除いて）。

そこで思い出してみてください。

あなたの人生の中で特に誇らしかった出来事はなんでしょうか。

生まれてから今日までを振り返り、誇らしかった出来事を10個書き出し、その中からベ

スト3を選んでみます。

今の「自分」という存在は、職場、家庭、学校……などで作られたさまざまな価値観が刷り込まれています。

それぞれの価値観に照らし合わせてみると、それぞれの「誇らしい出来事」があったはずです。

それらをできるだけ再認識することによって、セルフイメージを適正な位置に近づけることができます。

セルフイメージをさらに上げるには、「自分をこれ以上にもこれ以下にも行かせない壁＝メンタルブロック」を壊す必要があります。

メンタルブロックというのは「もちろんそうに決まってる」と信じ切っている、「自分の中にある常識」のことです。

その確固たる信念が「ただの壁かも？」と疑うことさえできれば、その壁はもうほとんど壊れたようなものです。

この壁の存在に簡単に気づく思考があります。

それは**「絶対にうまくいくとしたら、自分はなにをしたいか？」**という思考なのです。

たとえばこういうケースです。


「必ずうまくいくなら、あの人と付き合いたい」

「伝えてみたら？」

「無理だよ、俺イケメンじゃないし」


これがメンタルブロックです。


「必ずうまくいくなら、会社を立ち上げたいです」

「じゃあ、やってみたらいいじゃないですか」

「いや、私には絶対無理です」

「けっこういけると思いますけど」

「無理ですよ。人脈もないし、経験もないし、管理能力もないし」


……というのもメンタルブロックで、いずれも「自分にはふさわしくない」という思い込みです。

その思い込みが前提にあると、「実現しない理由」を周囲の現実から一生懸命探し出そ

うとします。

本当は理由なんてなんでもいいんです。

ひとつの理由がくつがえされたら、どうせまた次の理由を見つけてくるだけです。

自分以外の人間になろうとすると、元の位置に引き戻されてしまうのは、ただ単にメンタルブロックが邪魔しているからです。

邪魔している以上は、実現できないでしょう。

だから本気でやりたいと思ったら、まずメンタルブロックを消す必要があります。

どうやればいいかというと、言葉を使って消せばいいのです。

人間の脳内ではつねに「今日、仕事が終わったら、あれやって、これやって……」と言葉が紡がれています。

その中で「どうせ自分には無理だろう、なぜなら……」という言葉が出てきたら、「私が◯◯することを許可する」という言葉をつなげてみてください。

「俺はあの人と付き合えるわけがない、なぜなら……、いや、俺があの人と付き合うことを、許可する」

「私が会社を立ち上げるなんて無謀……ではなくて、私が会社を立ち上げることを、許可する」

という具合です。

これだけでメンタルブロックが消えてしまいます。

もしあなたの能力に限界がないとしたら、これからなにをやってみたい？

その実現を許可できるのは、他ならぬ自分自身なのです。

誰にチカラを借りるといいのか？

同様に「お願いを引き受けてもらえる自分」についてもセルフイメージがあります。

そしてメンタルブロックがかかっています。

「そりゃもちろん○○さんに引き受けてもらえたら最高だけど……さすがに現実的には無理でしょう」と思うのもメンタルブロックの仕業なのです。

だからこそ「誰にお願いするか？」を検討する際、一度**「絶対にオーケーをもらえるとしたら、誰にお願いしたい？」**と発想してみることは重要です。

メンタルブロックさえなければ、あなたは屈託なく、その人にお願いすることができるでしょうから。

一方で「ダメに決まってる」と思い込んでいる人は、実際にお願いするとなると、わざわざ断られるように、断られるようにお願いしてしまうのです。

ですからもし「引き受けてもらうことは困難だ」と思う人物になにかをお願いするとき

は、「厳しいと思わされているのは、メンタルブロックのせいなんだな」と認識した上で、お願いしてみましょう。

まさかと思っていたけど引き受けてくれた、なんていうことは実によくある話。

そこから一気に道が開けることなどよくあることです。

心の中に映し出されている出来事は、実際に起こりやすくなります。

だから「必ず成功するとしたら」「能力に限界がないとしたら」「絶対その人が引き受けてくれるとしたら」と、とりあえずうまくいくことを仮定してみましょう。

その仮定を実現するよう、現実が勝手に動いてくれるからです。

もし断られたらどうする？　それはそれでいいと思います。

なぜなら「お願いする」という行動に出た瞬間から、すでにセルフイメージが高まっているからです。

SWITCH 46

成功者たちは「グループ」を作っている。

私は「成功する鳥は群れをなして飛ぶ」と思っています。

どの分野でも共通して言えることですが、「自分になにができるか？」「どうやってやればいいか？」というよりも、「誰を知っているか？」「どのグループにいるか？」という方が人生に強い影響を与えます。

その道のすごい人たちは、全体からみればわずかな人数なのに、その人たちは固まって、群れを作っているからです。

あなたが、その群れの中に飛び込んでみたら、一体なにか起こるでしょうか。

ホメオスタシスは強い方に同調します。

同じ環境にいる人たちは、ファッションや言葉遣いはもちろん、買い物の仕方やバイオリズムに至るまで、グループ内の「より自己認識の大きい人のやり方」に近づいていきます。

心の中で自分のことを巨人のように捉えている人には、ものすごい数の人たちが同調していきます。

その過程の中で、同調していく人たちのセルフイメージは自動更新されます。

あなたはどうなるか。憧れている人たちの中に入れば、当然あなたはコンフォートゾーン、つまり心地よい場所から出ているので、緊張するでしょう。

またスコトーマ（心理的盲点）が違うから、見えている情報が違いすぎて、会話の内容についていけません。会話を右、左と追うだけで、まるでテニスの試合を見ているようです。

家に帰ってきたら、無理に笑っていたせいで顔が痛いくらいです。

家族から「どうだった？」と聞かれたら、「いや、あの人たちといると疲れるわ。なに話してるのかわからないし。家に帰ってくるとほっとする」と言うかもしれません。

それでも、そんな場所に足しげく通っているといつしかホメオスタシスが同調し、コンフォートゾーンがずれて、そこが心地よい場所に変わっていきます。

ただしすごい人たちと会い続けていても、あなたは「そのうちの誰か」にはなれません。同調はできても、同一化はできないのです。

そこで、いつでも明るい。気くばりができる。礼儀を守るなど、彼らの共通点を見つけてください。

そしてそれらをあわせもった「憧れの人」をイメージの中で作り上げてください。

「すでにそうなった自分」を演じて、「すでにそうなった自分」として振る舞います。

その頭で判断し、発想し、移動し、人と会います。聞くもの、触れるもの、食べるものに慣れ親しみます。

よくいる場所に行き、意図的にその空気を吸います。

一流ホテルのロビーに居座り続けるのもいいでしょう。

奮発して、三ツ星レストランでランチをしたり、スイートルームに泊まってみても、きっと元は取れるでしょう。

やがてあなたの脳は「**大いなる勘違い**」をしはじめ、セルフイメージが更新され、あなたは自分にセルフイメージとずれている現実に対して、居心地が悪いと感じます。

つまり、やる気が湧いてくるのです。

イライラした気持ちは交換できる。

面倒なことが続いて、イライラが止まらない。

ああ嫌だ！　最悪だ！　腹が立つ！

こんな風に、頭の中に否定的な言葉が次々と出てきたら、その流れを断ち切りましょう。

おすすめは「なーんちゃって」、または「っていうのは冗談」と心の中でフォローすること。

ええ？　そんなことで？　と、にわかに信じられないかもしれませんが、**脳は言葉を使って思考するので、〝そんなことで〟ある程度断ち切ることができます。**

それでも断ち切れないとき、私の場合はこういうイメージをしています。

ビニールシートのように透明の膜となった「困った現実」が私の身体全体を包んでいる。

私はナイフを持っていて、その透明の膜にツーっと縦に刃を滑らせる。まっすぐな切れ目ができる。その切れ目をかき分け、私は「新しい現実」に足を踏み入れる。そこからまた穏やかな現実がはじまる。

もうひとつのイメージはこうです。

「心」という物体をいったん取り出す。

それはガラスの玉で、汚れていたり、曇っていたり、ホコリがついていたりする。

その理由については一切考えず、ひたすら物理的にキュッキュキュッキュッと磨き続ける。

想像の中できれいになった。**そして元あった場所へ戻すと、現実がすっきり見えている。**

そんな具合です。

状況によっては、神社でお祓いをしてもらうこともあります。

私にとってお祓いは、マッサージや髪のカットと同じくらい日常的なものです。

神主さんにバサッバサッとやっていただくだけで、肩の力がふっと抜けて、「今この瞬間から自分の人生を作っていけばいい」と気持ちを立て直すことができます。

人生とは、まるで「続きもののストーリー」であるような気がしますが、そんなことはないんですよね。

1話、2話、3話ときたら、4話目は3話の続きから、話を飛躍させることなくはじめないといけない、と思いがちですが、**実は「過去の続き」だというのは錯覚で、今の時点から新しいストーリーに変えてもいい。**

会話がなんとなく重い空気になっているときでも、気持ちをぱっと切り替えて、まったく新しい会話をはじめてもいい。

話し相手が暗い話をやめられないなら、私は相手の身体の中に、一本の蛍光灯が入っていることを想像します。

その蛍光灯は古くて、チカチカしている。だからいったん取りはずして、新品の蛍光灯に替えてあげます。

私は付け替えたばかりの蛍光灯を見て、「うわ！　まぶしい！」と感じて、さらにそう感じている自分を客観的に見ます。

その気持ちで相手と向き合い直すと、本当にその人が明るくなるものです。

SWITCH 48

やり方は「わからない」方がうまくいく。

私たちの背後には過去があり、今この瞬間を生きています。

その行動は完全に自由ではありません。

ある時点から「過去の延長線上」にある行動を選択し続けているからです。

基本的には「わかる」「できる」「安心」な行動ばかり。

だから暮らしを向上させるために大事なことは、なにかをめざす際「どうやってやればいいのか？」を考えすぎないことなのです。

どうすれば実現するのか。方法は今の時点ではまったくわからない。

けれどとにかく本当にやってみたいこと、ワクワクすることにこそ価値があるというわけです。

それを私は「ぶっ飛んだ夢」と呼んでいますが、**「ぶっ飛んだ夢」について考えたり、話したりするたびに、セルフイメージが勝手に変わります。**

セルフイメージが変わると、特に具体的なアクションを起こしたわけでもないのに、本人がとっくに忘れたころなどに、夢の方からやってきたりするのです。

ひとつ練習をしてみましょう。

まずあなたの役割をすべて思い出してください。

たとえば家庭では「お父さん」「夫」、会社に行けば「マネージャー」、地元では「サッカーのコーチ」、実家では「次男」、両親にとっては「息子」……という具合に。

そしてそれぞれの役割ごとに、「本当に、心の底から、やりたいこと」を妄想してみてください。

できれば、普通なら「できるわけない」「やったらまずい」と思っているようなことがいいです。

「でもそんなのお金はどうすんの」「そんなに休めるはずないでしょう」「旦那さんがいるじゃないの」などといった諸条件は一切無視してください。

たとえば愛するパートナーがいたとしても、「新しいパートナーができた」という妄想はできるでしょう。

新しいパートナーができたら、一緒に行きたいと思う場所が思い浮かぶでしょう。

こんな景色で、こんなファッションをして、こんな会話をして、こんなホテルに泊まって……そんな妄想をふくらませていると、あふれてくる「感情」があるでしょう。

このときわかるのは、あなたが手に入れたいのは新しいパートナーではなく、その「感情」だということです。

私たちは数多くのタブーを抱え、さまざまな感情を無視して生きています。

しかしその感情の扉を開けないと、その向こうにある扉の存在に気づくことすらできません。

手前にある扉はタブーですが、妄想の力を使うことによって、そのタブーをスキップすることができるのです。

SWITCH
49

解決法は考えずに引き寄せるもの。

ここまでの話をおさらいします。

「次の瞬間に、自分はどういう行動を取るか？」

本来、私たちの目の前には無限の選択肢があります。

でも過去に「うまくいったこと」「まあまあだったこと」「ダメだったこと」の中から、すでに「ダメだったこと」は選択肢から排除されていて、「うまくいったこと」「まあまあだったこと」だけを選び続けています。

そんなことはない。私は勇気のある決断をしたことがある、という人もいるでしょう。

たしかにそれは、本人にとっては勇気のいった決断かもしれません。

けれどその決断だって、やっぱり過去の延長線上にあるのです。

過去の延長線上で、選択を繰り返すうちに、「あの人たちほどすごくはないけど、あの人たちほど悪くはない」「だいたい自分はこの程度だ」という見切りがあり、セルフイメージができあがります。

やがて、どんなにがんばっても、手を抜いても、自分は過去の延長上にいることに気づきます。

するとだんだん、新たな選択をすることすら億劫になっていきます。

その感情の変化を「もう大人だから」「年を取ったから」と誤解している人も多いです。

でも、そんなことはありませんよね。

セルフイメージさえ更新できれば、私たちはいつまでも豊かになれるのです。

ただ「私、なにをやっても、いつもこうなるな」と頭でわかっていても、どうすることもできない。

それほどセルフイメージは変わりにくいものです。

あなたが変わりたいと思っても、「現状維持」が生きていく上での第一目標。

あなたの潜在意識が、変化を嫌っています。

自分の力で、自分を変えようとしても難しい。

だからこうしてみましょう。

今まで恐れ多くて、考えてみたこともなかったことを妄想してみる。そういう場所に足を運んでみる。そういう人たちの輪に飛び込んでみる。

それだけで、セルフイメージは一気に動きはじめ、突然いてもたってもいられなくなるほどやる気が湧いてきます。

でも残念ながら、翌日から3日目くらいにそのやる気はどこかに消え「なんであんなにやる気があったんだろう？」と疑問に思うことになるでしょう。

でもそれは生命を守ろうとするホメオスタシス（恒常性）の仕業なので、気を落とす必要はありません。

すべては「ゴールが先。どうやるかは後」。

心からのぞむゴールがあり、そのゴールに合わせてセルフイメージを更新する。

そうすれば今はやり方がわからなくても、スコトーマ（心理的盲点）がことごとく外れて、「どうすればうまくいくか？」の答えは向こうの方から現れるのです。

SWITCH 50

「あのときと比べたら」を勇気にする。

突然ですが、少しだけ考えてみてください。

あなたは過去に「最悪だと思った出来事」を経験してきているはずです。

その中でも、特に印象深いものを3つほど思い出してみてください。

あなたは一体どうやって、そのピンチを切り抜けたのでしょうか。

最悪だった出来事です。わざわざ思い出したくもないかもしれないし、記憶にフタをしてしまっているかもしれない。

ところが今、あなたが普通に生活できているということは、その最悪な出来事を切り抜ける、あるいはやり過ごす能力がたしかにあったというわけです。

そこにはどんなエピソードがあったのか。思い出してみる価値はあるでしょう。

苦痛まで思い出す必要はありません。**穏やかな気持ちで、ただ「どうやって切り抜けたか？」という事実だけに記憶の焦点を当てればいいのです。**

そうすることによってどんないいことがあるのか。

人はなにかにチャレンジしようと思ったとき、同時に「面倒なことになったらどうしよう？」という恐怖心がつきまといます。

でも本当は、たとえどんなに面倒な状況になったとしても、あなたにはそれよりもひどい状況を切り抜けた能力が備わっているはずなのです。

その事実を認識することで、心理的なハードルを下げることができます（どんなに大変なことになっても、あのひどかったときに比べたらマシでしょう？）。

人生は成功体験によって向上するのではなく、トライ＆エラーの連続によって向上していきます。

そしてトライは恐怖がセット。

その恐怖に対する耐性は、ふだんからどれだけ小さなエラーを経験しているか？によって決まります。

小さなリスクを恐れて、「なにも変化を起こさず年齢を重ねる」ことがいかに恐ろしいか。

それこそが、人生において一番リスキーなことだと言えるのです。

SWITCH 51

「過去の最適化」ではなく「進化」をめざす。

私が尊敬する先生が教えてくれました。

「ダーウィンは『鳥のくちばしは、より餌を食べやすくなるように進化した』と言っていた。けれど、それって本当は〝進化〟じゃなくて〝過去の最適化〟なんだよね」と。

過去に失敗したことを排除していった。そして選択肢を減らしていった。ただそれだけのことであって「本当の進化っていうのは、魚が陸に上がった瞬間のことを言うんだ」と強調していました。

つまり、最初は1匹の魚が「ちょっと陸に上がってみようかな」と思い、行動に移したけれど、周囲の魚は「僕たちはエラ呼吸だよ？　できるわけないだろう」と相手にしない。

水の中は快適で敵からも逃げやすい。餌もたくさんある。

一方で、水の外は呼吸が苦しく、身動きも取れなくて危険だ。

それでも何匹かの魚は「陸に上がってみたい」という欲求に従い、後を追った。

「ゴールが先、どうやるかは後」とばかりにチャレンジを繰り返し、傷つき、苦しんで、でももう1回陸に上がってみよう、もう1回、今度こそ……と繰り返しているうちに、両生類になった魚がいるんです。

木の上で生活していたサルもそうです。

1匹が「なんか下が気になる」と思い、行動に移した。周囲は「あいつはなにやってんだ。食べ物もなさそうだし、危険なやつがウロウロしてるからやめとけばいいのに」と思ったことでしょう。

「でもどうしても気になる」と、思い切って下に降りたサルが、私たち人間のはじまりだったのです。

「それがまさに進化なんだよ」と先生は言いました。

PART 3

やる気の「レベル」の話

SWITCH 52

私を動かしているのは、私ではない。

突然ですが一部のプロ野球選手には、160キロ以上の球を投げるピッチャーがいます。

160キロの世界はすごいです。ボールがピッチャーの手から離れて、キャッチャーのグローブに届くまでなんと「0．4秒」しかかかりません。

一方でバッターは、バットを振って当たるまでに「0．5秒」かかるそうなんです。

おかしいですよね？　それでは当たりませんよね。

だけど実際は当たります。

なぜ当たるのかと言えば、「バッター以外の何者か」が打っているからです。

「ボールをよく見て打とう」とはよく聞く言葉。

でもプロの世界だったら、ボールを見た瞬間にもうキャッチャーが捕っている。

だからプロの指導者は「ボールをよく見て」とは伝えず、「ピッチャーが投げてくるあたりをボーッと見て」などと伝えるそうです。

ボーッと見ることによって、ボールに反射して、身体が勝手にバットを出す。

これは一体どういうことなのでしょうか。


世界的に有名な大学でこんな実験がおこなわれたそうです（カリフォルニア大学・リベット教授による実験）。

人さし指を曲げてみてください。できますよね？

たったそれだけのことですが、大変重要なことが判明しました。

自分自身が「指を曲げる」と意識する。

なんとその0．35秒前に、脳から「指を曲げる」という指示が出ている、ということがわかったのだそうです。

自分が意図する0．35秒前に、すでに脳から指示が出ている。

言い換えると、「指を曲げる」という指示が脳から出た後に、本人が「指を曲げる」と認識している。

そして本人が認識した0．15秒後に、指は実際に曲がります。

（脳から指示が出て0．5秒後にその行動が完結する。そのため「0．5秒－0．35秒＝0．15秒」となる）

それを当然のように、自分が曲げたと思い込んでいるのです。

この実験結果が発表されたとき、「そんなはずはない」と世界中から疑いの目を向けられ、同じ実験が世界中でおこなわれました。

それはそうですよね。そんなおかしなことがあってはいけない。

単純に脳の動きを測り、指を曲げるだけだから、どんな場所でも実験することができます。

ありえない結果が出たのは、実験する環境が怪しかったせいだろうと思われました。

でも結果は驚くべきものでした。

いつ、どの場所で、誰がやっても、何度やっても、同じ結果が出たのだそうです。

意図する前に、脳から指示が出ている。

自分で指を曲げたはずなのに、指を曲げさせたのは自分じゃない。

では、私たちを動かしているものは一体誰なのでしょうか。

SWITCH 53

「こうする」という指示は、潜在意識から出ている。

カマキリのお腹の中には高い確率で、ハリガネムシという寄生虫が棲んでいます。

そのハリガネムシはカマキリの脳を操作しながら、カマキリという着ぐるみを着た人生を生きていくわけです。

だけど、カマキリはそのことに気づいておらず、自分の人生を生きていると思っている。

そして、最終的にカマキリは水没して死んでしまいます。

なぜかというと、ハリガネムシは水面で繁殖するからです。

また次にやってくるカマキリとかコオロギを待って、再び中に入り込んでいきます。

他にもいろんなタイプの寄生虫がいます。

ネコに寄生するタイプの寄生虫は、まずネコの餌となるネズミを探すそうです。

そしてうまくネズミに寄生できたら、ネズミの行動を鈍化させていく。

そしてネコの近くにいって、ゆっくり歩かせるのだそうです。

そのネズミがネコに食べられ、ネコのお腹の中に入り、ネコに寄生するというわけです。

これらの事実がなにを暗示しているかというと、自分で自分だと思っている自分は、もしかしたら「自分以外の誰かかもしれない」ということなんです。

そこで「自分を動かす、自分じゃないもの」とどう付き合っていくと、やる気が出るか、ひいては人生がうまくいくか。

これから一緒に考えていきたいと思います。

あなたが認識する前に、脳から「こうする」という指示が出ている。

それはこういうイメージです。

山からの湧き水が集まって川になります。

それと似たような感じで、潜在意識から湧いたさまざまなアイディアが集まって、川という指示になります。

そのそばに立って川を眺めている、麦わら帽子をかぶった農夫。

それが「あなた」という「自我」ということになります。

自我とは、あなたがおこなった行為を、「流れているね」という風に傍観しているだけの存在だと言われています。

だとすると、もしかしたらこの現実は「ゲームの世界」のようなもので、誰かが外からコントローラーで「自分」を動かしているのかもしれない。

そんなSFのような考え方も、もはや無視できないようなのです。

SWITCH 54

やる気の出し方は「自分のいる階層」によって違う。

自分が自分だと思っている自分は、自分ではない。

自分が思う自分は、他人。

もしそうなのだとしたら「自分を勝手に動かしているもう一人の自分」とどう付き合えば、やる気が出るのか、人生はうまくいくのか。

それは、その人の「意識のレベル」によって変わります。


レールの上を進む列車には、一方向の世界が見えています。

地面を転がるボールには、平面の世界が見えています。

離陸していく飛行機には、立体の世界が見えています。

タイムマシンには、過去現在未来の世界が見えています。

それと同様に「自分は今、どの階層にいるのか?」によって、見える現実がまるで違うものになるのです。

意識のレベルはマンションのように、およそ4つの階層に分かれています。

1階は「他人軸（to me）モード」です。

これは現実の中にぽつんと自分がいて、「人生というものは私に起こる出来事でしかない」と思い込んでいるモードです。

いいことが起きればいい人生だし、悪いことが起きれば悪い人生。

人生の主導権には自分にはなく、結局は運命が決めていると信じている。

神社では「叶えてください」とお願いするような人です。

2階は「自分軸（by me）モード」です。

これは「人生は自分から仕掛けてなんぼでしょう」と思い込んでいるモードです。

つまり、私は現実を、自分の力で変えることができる、動かすことができる、前に押し進めていくことができると信じている。

神社では「がんばるので、私を見ていてください」と誓いを立てるような人です。

3階は「認識軸（through me）モード」です。

これは「現実とは、私というフィルターを通して映し出される動画のようなものだ」と思い込んでいるモードです。

自分の思考が、そのまま「現実」というスクリーンに映し出される。

だから現実をいくら変えようとしても、自分の見方を変えない限り、現実は変わらないと信じている。

神社では「どうか私をお使いください」と託すような人です。

4階は「悟り（as me あるいは色即是空）モード」です。

あなたは私、私はあなた。私は宇宙で、宇宙は私。

お父さんともハムスターともペットボトルともジャンボジェット機とも違いがないと思っている。

神社にはお参りをするどころか、もはや神様と同じ視点で物事を見ている人。

私も到達したことがない世界です。
もしそんな世界にたどり着くことができたら、ぜひその行き方を教えてください。

その人がどの階層にいるのかは、
年齢によっても変わりますし、
日によっても、体調によっても変わります。
また相手との関係性によっても変わるものです。
やる気が出ないと感じているときは、そもそも「自分が今どの階層にいるのか」を確かめることが重要です。

SWITCH 55

「小さな親」に気づくと、自分にやさしくなれる。

世の中は「他人軸モード」で生きている人が一番多いようです。

それにはこういう理由があります。

日本経済は「失われた30年」だと言われています。簡単に言えばずっとぱっとしなかった。チャレンジがあまり実を結ばなかった。

あまり実を結ばないのに、チャレンジしようとする人がいたらどうでしょう。チャレンジとは「自分軸モード」、つまり「自分の力で現実を変えていこう」とする考えですが、自分がよいと思って動いた結果が、ことごとくうまくいかない。

するとどうでしょう。「どうせ無理だから、やめておこう」「ダメなのは目に見えているから、余計なことされても困る」こういった否定的な言葉が増えることになります。

そんな社会状況下で、より自分の暮らしを向上させようと思ったら、チャレンジをするよりも、周囲からの評価を上げた方が効率的だということになります。

おかげで「社内政治の上手な立ち回り方」を学ぶことも、有効な生存戦略のひとつになりました。

「周囲に迷惑をかけないためには？」「上司に気に入られるためには？」「使えない人間だと思われないためには？」という風に、「他人軸モード」で生きた方が賢明だというわけです。

そんな「他人軸モード」で育った人が子供を生むと、その子供に向かって「お願いだからママの言うとおりにして」「なんでみんなと同じようにできないの？」といった教え方をします。

その子供は「言うとおりにしなきゃ」「同じようにしなきゃ」という思いを強めます。

こうして「他人軸モード」の人が増えていきました。

ここでインナーペアレンツの話をしましょう。

インナーチャイルドとは、「自分の心の中に棲む子供」あるいは「子供時代の記憶や感情のこと」を指しますが、**「自分の心の中に棲む親」のことをインナーペアレンツと呼びます。**

多くのインナーペアレンツは、自分がなにか新しいことをしようとするたびに「やめておきなさい！」、しくじるたびに「ほらだから失敗したでしょ！」といった風に厳しく注意してきます。

インナーペアレンツは、親から受け取った言葉を使って、あなたの失敗を叱責してくるのです。

あなたも心当たりはないでしょうか。

自分に対して特に厳しく接していないでしょうか。

もし自分は「他人軸モード」だという自覚があって、そこから抜け出したいときは、このインナーペアレンツと仲直りする必要があります。

どうすればいいかというと、一番簡単なのは自分への呼びかけです。

「いつも責めてばかりでごめん」「本当はよくがんばってるよね」「いいよ、誰でも失敗するのは当たり前だから」

親が子供の成長を見守るように、自分の心に向かって声をかけてあげて、自分と仲直りしてください。

長い間、自分をいじめ続けてきたのです。仲直りするのには少し時間がかかります。
でもこれは価値がある時間です。
自分自身を受け入れられるごとに、安心で、安全で、やさしい世界が構築されていく。
そしてそこから、新しいやる気の種が発芽しはじめるのです。

SWITCH 56

一緒に落ち込み寄り添えば、早く元気になってもらえる。

相手が「他人軸モード」の人の場合であれば、その人が気にしすぎているとき、あるいは落ち込んでいるときに、「他人の顔色を気にしても仕方ないよ」「才能や環境なんて関係ないよ」と声をかけてあげても、あまり効果がないようです。

その人だって、きっと頭では「他人の顔色なんて気にしなくていい」「才能や環境なんて関係ない」とわかっているのです。

わかっているけれど、インナーペアレンツが厳しく責めるから、そのように考えられないのです。

また「夢はなに？」と聞かれてもうまく答えられません。

私は夢が本当に、まったくない人なんて、この世にいないと思う。

でも「夢がある」って答えてしまうと、「自分軸モード」の人から（もしくはインナーペアレンツから）「じゃあこうしたら」「なんでやらないの？」とまくし立てられ、苦しめられるから言いたくないのです。

チャレンジをすると十中八九、なにかしらの苦しい経験があったり、矢面に立たされたりすることになります。

「他人軸モード」の人は、その事態だけは絶対に避けたいのです。


さらに悲しいことに「他人軸モード」で生きる人は、「ただの批評家」になってしまいやすい。あの人たちがあんなことをはじめた。けど、ああいうのはすぐにダメになるよ。そんな風に分析だけをして、自分はなにもしない人になってしまう。

「他人軸モード」の人の心を少しでも軽くしてあげたい。

そう思ったらひたすら寄り添い、相手に共感して、一緒に落ち込みましょう。

どれくらい落ち込むかというと、**相手の落ち込みの1.5倍くらい。**

相手を無理に元気づけようとせず、「わー、それってきついよね……」「それはたしかに相当難しいね……」と一緒にずーっと落ちていく。

いずれ落ち込みが底をつく。だんだん相手の気持ちが落ち着いてくる。

すると「でも、私にも悪いところがあったと思うから」「とりあえずできることだけでもやろうかな」などという言葉とともに気持ちが浮上していきます。

こんな風にして、自分の力で浮上してくるのを待つのです。こういった寄り添いのことを「ネガティブ・ケイパビリティ（悲観する能力）」と言います。

ちなみに私はポジティブ思考なので、相手と一緒に落ちていくことが怖いです（笑）が、そういうときは「一切、アドバイスはしない」と心に決めて、「相手の強いところ」と「自分の強いところ」を光のヒモでつなぐイメージをしてから、一緒に落ちていくことにしています。

SWITCH 57

やりたくないときは、「やりたくない自分」に共感してほしい。

心の中はつねにおしゃべりしています。

その中に、本当の「自分の声」ってありますよね。

ただ、自分が所属する社会でうまくやっていくために、その「自分の声」はどんどん後回しにして、その社会でよいとされている選択を優先しがちです。

そしてそんな風に過ごしているうちに、「本当に自分がのぞむ選択とはなんなのか？」がだんだん自分でもわからなくなってきます。

自分の声が聞こえなくなってくるのです。

だから私はときどきこのようにしています。

完全なる妄想で日記を書くのです。

たとえば先日は「全部のことをやめてみたらこうなった」というテーマで、この妄想日記を書いてみました。

これからずっとなにも予定が入っていない。

どの日もどの時間も空いていて、いつ、どこで、なにをしてもオッケー。

さあ、いつ、どこで、なにをどうしよう？


その架空の設定で「自分の一日」をノートに書き綴っていくと、自分でも驚くほど書きたいことがあふれてきました。


そして書き終えたときに、とてもさわやかな、すっきりとした気持ちになりました。

これも一種のネガティブ・ケイパビリティなのです。

自分に寄り添って、大変だよね、疲れたよね、無理しなくていいよ、好きにしてみたら？って声をかけてあげることで、自分が蘇るきっかけが生まれます。

それは社会道徳上、正しいことではないかもしれない。


でも社会にとって正しいことが、いつも自分にとって正しいわけじゃありません。


「明日仕事行きたくないな……」と思っているなら、「でも行かなきゃダメだ！」と自分を叱咤せず、「ああ、行きたくない日ってあるよねえ」って共感してあげることも、やる気を出すためには大事なんです。

特に自分が「他人軸モード」になっているときは、自分の意思でそうしたいわけではなく、たまたま与えられた指示が「行きたくない」に設定されているだけです。

自分の中に棲むハリガネムシから、そう求められているだけです。

その気持ちに難色を示さず、しっかり共感してあげるだけで、心はかなり軽くなるはずです。

SWITCH 58

相手という「全身鏡」に、自分の姿が映し出される。

苦手な上司が向こうから歩いてくる。

「あっ」と思って上司に気づかれる前に、サッとトイレに逃げ込んでしまう。

そんな経験ってありませんか。苦手な上司は、顔も見たくない。それはなぜでしょうか。

正確に言うと、その上司が苦手だからではなく、**「他人はあなたを映し出す全身鏡だから」**です。

つまりあなたがトイレに逃げ込んでしまうのは、その上司という鏡に映し出される、自分の醜い姿を見たくないというわけ。

あなたに対していつも厳しいその上司が「君が作成した資料、あれじゃ説明が雑すぎてお客様にうまく伝わらないよ」などと指摘してくると、あなたはとっさに「すみません。あまり時間がなかったもので」と弁解してしまう。それは上司に映っている自分の姿を少しでも良くしたいからです。

上司が「ああ、たしかに君は今忙しそうだし、まあ仕方ないですね」とフォローしてくれたら、鏡の中の自分は少しマシな姿になるかもしれない。でも「そういう言い訳は必要ないから」と突き放されてしまったら、自分はさらに醜い姿になる。そういう関係性です。

反対に、恋愛ではこんなことが起こります。パートナーがあなたに会うたびに「○○さんのこういうところがかっこいい」「○○さんのこういうところが素敵」などとほめてくれる。嬉しい気持ちになる。するとだんだん、そのパートナーという鏡に映る自分から目を離せなくなっていきます。

「あの人から離れられない」という状態は、言い換えると「自分のことから離れられない」状態。

その全身鏡を手放したくないのは、自分の姿を素敵に見せてくれるからです。

自分でも見たことがなかった素敵な自分。初めて目の当たりにする自分の輝きには誰だって、釘付けになってしまうのです。

恋愛のかわりに、飲み屋さんに行く人もいます。「俺ってダメなんだよね」「ええ？　そんなことないですよ。素敵ですよ」とお店の人にほめてもらって、自信を復活させてもらって、もう一軒行く（笑）。

いずれも、一種の「他人軸モード」だと言えます。

「他人軸モード」の関係性を変えるためには、どうしたらいいのでしょうか。

相手は自分を映し出す鏡ですが、相手からすればこちらも相手を映し出す鏡です。

だからこんなコミュニケーションをします。

苦手な上司から厳しい指摘をされたとき、ただ謝ったり弁解したりするのではなく「大変申し訳ありません、すぐに直します。〇〇さんに指摘していただくと、いつもすごくよくなるので本当に勉強になります。どうしたら〇〇さんみたいに気づけるのでしょうか？」といった具合に、**あなたという鏡にその上司の素敵なところを映し出してみます。**

するとその鏡を見た上司は「ああ、そういう場合はそうだね……」と難しい顔で照れ隠しをしながらも、まんざらでもない気持ちになる。そして、あなたという鏡を気にしはじめる。

そこから関係性が好転していくはずです。

SWITCH 59

「他人軸モード」の人には、「力を貸して」とお願いする。

基本的に「他人軸モード」の人たちは、あらゆるチャレンジを避けがちです。

でも「サポート」となれば喜んで引き受けてくれるような人たちでもあります。

それどころか応援者として、とてつもない力を発揮してくれる可能性があります（言うなれば「推し活」です）。

チャレンジは自分が矢面に立つことがありますが、サポート側にはその心配がほとんどなく、安心して力を発揮できるからです。

ですから自分は「自分軸モード」だという人は、「他人軸モード」の人と接するとき、積極的に「力を貸してくださいませんか」と声をかけてみてください（「お願いしたいことがあるのですが」は避けましょう。相手に重さを感じさせてしまうので）。

あなたは「他人軸モード」の人が活躍できる場を用意して、一緒に成果を出していくことによって、重要な人物になっていきます。

一方で自分は「他人軸モード」だという人は、身の回りにいる「こうしたい」という欲求を持っている人を見つけたら、手当たり次第に「なにかお手伝いできることはありませんか？」とサポートを申し出てください。

自分の知られざる力を発揮するチャンスが生まれます。

人の能力にはデコボコがあります。「凸」は得意なことや特技で、凹は苦手なことや弱点です。

そして学校教育では「凸」をできるだけたくさん持ち、できるだけ伸ばしましょう、と教わりました。

だからお互いの「凸」をマウントし合うような人たちも少なくありません。

でも世の中で大活躍している人のほとんどは、むしろ「凹」をたくさん持っているし、それを隠そうとしない人だと言えます。

自分の凹と誰かの凸をくっつけて、自分の苦手なことを「人の才能を活かすもの」として使っているのです。

才能の力によって、他人の役に立つことができる。

一方で、苦手なことの力によって他人の隠れた才能を引き出すこともできるのです。

「力を貸してくださいませんか」は、そのきっかけを簡単に作ってしまう魔法の言葉です。

他人の才能や人望を妬むことなく、あえてスポットライトを当てる。

「あなたの才能で、私を助けてほしい」と誰よりも素直に言える。

そういう人は、きっと誰よりも愛され、重要な人物になっていくことでしょう。

SWITCH 60

「自分のダメなところ」は静観すると消えていく。

自分のこういうところが嫌だな、ダメだなと感じる。

するとたいていの人は、反省して、直そうとするでしょう。

失敗して、反省して、改善する。それが人の成長です、大事なことですと、私たちは教えられ、実践してきたからです。

でもそうすると、例のインナーペアレンツが現れます。

そして「そういうところがダメ！」「二度と失敗しないで！」という叱責をまともにくらってしまう。

そのせいで、疲弊してしまう自分。むしろ「ダメな自分」を続けてしまうのです。


自分の嫌なところ、ダメなところを見つけたら「静観する」というのが正解みたいです。

「ああ私はダメだな、なにやってるんだろう」と悔やむ自分を、静かな気持ちで眺める。

ただただ眺める。

あらあら、って。

青い空にぽかんと浮かぶ雲があった。

動いているのか、動いていないのかもよくわからない、そんな雲をただ眺めている。

でもちょっと気がそれて、ぱっともう一度見たら、雲はいつの間にかなくなっている。

後悔も、静観していれば、そんな雲のように消えていくはずです。

それでも深層意識の中ではちゃんと、ダメなところは改善されていくのです。

だからがんばって無理やり改善しようと考えない方がいい。


子育てもよく似ていますよね。

「大人になったら困るだろうから、この子のために直してあげないと」と思い厳しく注意し続けていると、やがて子供から強く反発されることになります。

子供のダメなところを、ただ静観してあげる、というのも大切なことなのです。

もっと言えば、子供の失敗でイライラする「自分の心」もただ静観してあげる、というのも大切なことなのです。

「こんなにこの子のことを大切に思っているのに」

「このまま大人になったら絶対困るのに」……というように私って考えているんだな、というようにただ静観してあげることで、子供と自分の関係が、お互いの深層意識の中で自然と改善されていくものなのです。

SWITCH 61

成功のコツはないが、理想の理想の理想の目標はある。

自分は「自分軸モード」だという人は、どうやってやる気を出せばいいのでしょうか。

答えはシンプルです。

目標を決めると、現状とのギャップが生まれます。

このギャップを埋めるための行動を「タスク」と言います。

その「タスク」をスケジュールに入れることで、「タスク」は「ＴＯ ＤＯ」に変わります。

あとはこの「ＴＯ ＤＯ」をこなしていくだけ。

これが王道のやり方です。でも本当にそうなのでしょうか。


以前、若くして桁外れの大成功をしている方に、「成功のコツ」について質問したことがあります。

その方は、セミナーとコンサルタントに3億円ほど投資し、学び、行き着いた考えを教えてくれました。

それはこういうことだそうです。

「目標を持つ。そして現状を把握すると、現状とのギャップ、課題が生まれます。そこからタスクを出して、それをスケジュールに入れるんです」と。

それは私もよく知っている話です。

できればもっと本当に成功するコツを教えてほしいんですが、と食い下がったら「目標を持つでしょう。課題が生まれるじゃないですか。どうすればいいかを書き出して、動くだけですよ」と繰り返すのです。

「成功のコツ」というのは秘伝のタレみたいなもので、普通の人にはそう簡単には手に入らないものだと思っていました。

でも、それはどこのスーパーにも売っているようなものだというわけです。

要は、やるかやらないかだけなのだと。「才能の差なんて『めちゃ美味しいラーメン屋』と『美味しいラーメン屋』の違いしかない」と彼は言い切りました。

唯一の違いと言えば、目標設定の考え方だけでした。

大成功者の彼は「これなら届きそう」や「ここまでいったから、次はこのあたりをめざそう」という次元の目標は持ちません。

彼にとっての目標とは「理想の理想の理想の理想の目標」です。

「うわ！　そんなことが実現するならめちゃくちゃやりたい！」と、ワクワク感が怒涛のように押し寄せてくるような目標なのです。

人は「すごく欲する」ことによって、その後の行動や考え方が変わります。

自分自身の存在のエネルギーまで変わります。

そうなれるかどうかは結局、「こんなことになったらすごい！」と心の底から思えるような、飛び抜けた目標を立てられるかどうかなのです。

それこそが未来を描く力であり、自分や組織を動かす才能だとも言えます。

ちなみに以前、「経営者は本を書かない方がいい」という話を聞いたことがあります。

本を書くまでは、自分の会社の売り上げや、社会への貢献度が、自分という人間を測るバロメーターになっていた。

ところが本を書き、自分ががんばってきたことを言語化することによって、また個人として人気が出て、周囲からちやほやされることによって、自分の心の壺がすっかり満たされてしまうことがある。

そうすると突然、心が動かなくなり、そのまま会社の業績悪化につながることがあるというのです。

心の壺は満たされないからこそ、エネルギーがあふれるのかもしれません。

ならば心の壺をとても満たし切れないような、理想の理想の理想の目標を持ちたいものです。

SWITCH
62

はじめてしまうと、先延ばしできなくなる。

タスクのリストを用意して、スケジュール帳に書き込んでいく。

全部やり切らねばと焦る。

でも焦れば焦るほど、時間がないことに気がつき、手をつけられない。

そういうとき、私は「イイカゲンがいい加減」と考えるようにしています。

つまり、最後までやり遂げなくていい。わざわざ時間を作らなくていい。最高作品にならなくたっていい。

「じゃなくていい」という気持ちではじめてしまうことが一番効果的だと思います。

そしてはじめてみると、はじまり出す。これが、この現実世界の面白さ。

一度そのイメージをつかむと、重い腰がすぐに上がるし、それを習慣化することもできます。

また、おすすめの方法に「トマト時間術」というものがあります（ポモドーロ・テクニックとも呼ばれています）。

タイマーを25分に設定して、仕事に取りかかり、アラームが鳴ったら5分休む。前の仕事が終わっていなくても、次の25分は違う仕事に移る。

こうすれば次々にフォーカスが変わるので、つねにフレッシュな気持ちで仕事ができるのが特徴です。

まさに集中した時間と、集中した時間のコラージュが生まれます。

他にも「ベビーステップ」という方法も効果的です。

「毎日、腕立て伏せ30回を習慣にする」と決める。でも生物は痛みから逃げたいものなので、ふとしたことで、なんやかんや理由を並べて逃げようとします。

それでも「腕立て伏せを1回だけはやる」と決める。「1回ならいいか」と思いますが、1回で止める人はいません。

ダイエットなら「1口分だけ残す」とか、運動だったら「ジムの入口の自動ドアだけ開けてすぐ帰る」とか、そんな風に、自分をちょろまかしてはじめさせてしまうのです。

もしくはこんな方法もあります。

今日やるべきビッグイベントを3個だけ書き出してください。

そして書き出した3個のことだけを考えます。

それ以外のことは、お得意の先延ばしの癖を使って、考えないようにする。

とにかく「やるべきこと3個」を優先してください。

「石と小石と砂を容器に入れる」お話を知っていますか。

すべてを容器におさめるには、砂から入れるのではなく、大きな石から容器に入れるべきなのです。

その後、小石を入れる。ゴソゴソと揺らしながら、最後に砂を入れる。

そうすると、すべてがおさまりやすくなります。タスクも同様なのです。

ただもし、3個をやり切れなくても、自分を責めたりしないこと。

次の日もまた、冷静に「今日のビッグイベント3個」を書き出しましょう。

SWITCH 63

「未来記憶」を増やすと、じっとしていられなくなる。

私たちの目の前には3つの箱が用意されています。

ひとつは過去の記憶が入った箱。真ん中は現在の記憶。もうひとつは未来の記憶です。


過去の記憶……過去にこんな出来事があったという記憶。

現在の記憶……ワーキングメモリ。今なにをするのかという記憶。

未来の記憶……年末どう過ごそうかなとか、来年こそは海外に行きたいとか、あの仕事を新年度早々やらなきゃいけない、これからどうしようかという記憶。


この過去、現在、未来という3つの箱のうち、どの箱の「記憶の量」が多いかが、やる気を出す上で重要になります。

なぜなら、一番量の多い箱に脳（意識・考え）を支配されるからです。

あなたはどの記憶が一番多いでしょうか。

過去記憶が一番多い人は、過去やってうまくいったことを選びがちです。前例がないこともなかなか選ばない。大企業の考え方によく似ています。

現状維持は安心ですが、占い師からこんな風に告げられたらどうでしょう?

「ああ、あなたの未来はわかりました。あなたの未来は過去と似たり寄ったりですね」

過去記憶が一番多いとそうなっていきます。


では現在記憶が一番多い人はどうなるでしょうか。

現在にまつわる記憶は、緊急事態であることが多いです。

現在記憶が他の記憶をわずかでも上回ると、

「ちょっと待って。今それどころじゃないので」という状態、あるいは人の話が耳に入らないような状態になり、人はバタバタしていきます。

この「バタバタ」っていう経験は、いまいち役に立ちません。「あのときバタバタしてよかった」「今の私があるのはあのときのバタバタのおかげ」とはなりませんよね。

では、未来記憶が一番多いとどうなるでしょうか。

ワクワクしたり、ドキドキしたり、いても立ってもいられない。

そういうウズウズ状態に入ります。

そんな「どんどん動いていきたい状態」こそが、あとで人生を振り返ったときに「あのときやってよかった」と思えるような出来事を生み出します。

未来記憶を増やしていくほど、のぞむ結果に対する行動力が上がるからです。

SWITCH 64

未来記憶を増やす方法は3つ。

未来記憶があふれてくると、いても立ってもいられなくなります。

でも1日ごとに過去記憶が増してきます。そして3日も経つとスッとやる気が消えます。

思い出そうとしても、一体なにに興奮していたのかがわからない。

これは「未来記憶が、過去記憶に追い抜かれたから」というだけの話であって、やる気が続かないダメ人間だからではありません。

やる気が消えたら、ただ未来記憶を補充すればいいだけなのです。


簡単に増やす方法を3つお教えします。

ひとつ目は妄想したことを日記に書くことです。

でたらめでもいいので、「もし制限がないならば、自分はどうなりたいのか?」という前提で、書きたいことを書きましょう。

「また家を買ってしまった。もう10軒目。今度はニューヨークに」みたいな。本当に自分でも笑ってしまうほど好き放題に書いてください。

二つ目は、会った人に「自分の欲求」を語らせてもらうことです。

なんとなくこういう感じのことをやりたいんだけど、という風に小さい欲求をしゃべりはじめる。それだけでいいのです。

でもあなたもこういう瞬間を知っていますよね、語っているうちに、やりたいことがどんどん出てきて、わーっと光のようにやる気があふれてくる瞬間を。

三つ目は、会った人の「すばらしい未来」を語ってあげることです。

まるで素敵な未来を言い当てる占い師のように「将来的に、超有名になっちゃうんじゃない？」「これはすごい話題になっちゃいそうですね」と、相手がやっていることの延長にある肯定的な未来を伝えてあげる。

そうすることで、こちらの未来記憶も相手に同調し、増えていくのです。

SWITCH 65

心を穏やかにすると、欲しい出来事を引き寄せる。

最後にお伝えしたいのは、自分が「認識軸モード」のときの話です。

「認識軸モード」で生きる人は、
この世は私を通して投影されている映し絵だ。

現実は他人の力でも、自分の力でもなく、結局「自分の思っていること」によって作られていくんだ。

という視点に立っている状態。

言わば「思考は現実化する」と思い込むことができている人です。

しかし、本当に「思考は現実化」するのでしょうか。

もしそうだとしたら全員、夢が叶っているはずですよね。

現実はそうではない。

ならば叶う人、叶わない人、一体どこが違うのかを知る必要があります。

その違いは「心の状態」です。

思考を支えているのが心の状態ですが、仏教的な考え方では、その心の状態は二つしかないと言われています。

ひとつは「ビューティフルステート＝美しい心の状態」。

もうひとつは「サファリングステート＝苦しみの状態」。

この状態が変わることによって、現実に対する認識も変わっていきます。

たとえば「クルマをぶつけた」「クルマが壊れて悲しい」という現実も、心の状態が変わることによって「誰も怪我しなくてよかった」「自分は守られているな」という風に認識も変わります。

同じ出来事が起きても、心の状態によって、見える世界が変わるわけです。

苦しみの状態の反対が、美しい心の状態です。苦しみじゃないものとは一体なんでしょうか。

「苦しい」の反対だから「幸福」とか「快楽」でしょうか。

実は仏教では、「幸福」とか「快楽」というものは高く評価されていません。

たしかに幸福とか快楽はすばらしいものです。

だけど「また欲しい」「もっと欲しい」という苦を呼ぶんです。なので、悪いものではないけれど、執着することが良くないのです。

苦の反対とは「楽」です。

極めた楽のことを極楽と言いますが、「楽」な状態が最もすばらしいと言われています。

人はアルファ波（主にリラックスしているときの脳波）の状態を保っているとき、賢明でいられます。

一方で「サファリングステート＝苦しみの状態」は、脳波がベータ波（主に覚醒しているときの脳波）になっている状態。

あわてたり、悲しくなったり、イライラしたりして、ベータ波が強くなるほど、知能が下がり、愚かな行動を取ったり、誤った判断をしたりしてしまいます。

そんな私たちの脳は、寝起きを除くと「ほぼベータ波が優位」です。
それをマインドフルネス（＝今、この瞬間の体験に意図的に意識を向け、評価をせずに、とらわれのない状態で、ただ観ること～日本マインドフルネス学会ＨＰより）によって落ち着かせ、脳波をアルファ波に変え、「ビューティフルステート＝美しい心の状態」にします。

この状態をキープしていくことで、自分という認識が薄らいでいきます。
胎児は自分という認識がありません。
この世に生まれ出て、他者を認識することにより、自我が生まれる。
この自我が、アルファ波になってくることで弱まっていきます。
同時に、他者に対する認識も弱まっていきます。
そうすることで世界がひとつになっていきます。

すべてがここにある。
いや、ないといえばすべてがない。

そんな色即是空・空即是色の世界に少しでも近づいて、その世界に「こうなったらいいな」と思う、執着のない希望の花をポンと咲かす。

すると時間という川の上流から「希望のもの」が流れてきて、今の自分のところにやってくるというわけです。

それはたとえて言うなら「ハンバーガーを食べたい」と思ったら、日常生活の中で、あ、お肉が来た、お、トマトもきた、レタスもきた、バンズもきた、という感じで、パーツごとに流れてきて、気づいたら「希望のもの」になっていた、というイメージです。

SWITCH 66

マインドフルネスで、「願いが叶う心」の状態にする。

姿勢を整えて、目を閉じ、思考を止めて、呼吸を深くする。
吐く息とともに「自分に必要じゃないもの」を手放していく。
そして吸う息とともに「必要なものが届く」というイメージをする。
そうやって、自分の中にある穏やかさに触れていく。それを10分間続ける。
どうでしょう、うまくできましたか?

マインドフルネス(瞑想)がうまくできているのかどうか、感覚がよくわからない。
そういう人は、誰もいない部屋に移動してみましょう。
そして次のことを試してみてください。

言葉をでたらめに発しながら、身体を激しくシェイクします。
「○△×=■¥!」と言いながら、シェイクして、シェイクして、シェイクする。

そしてしばらくしたら、ピタッと止まる。

するとどうなるでしょうか。

ズーンという感じで、身体の中心になにかが入り込んでいく感覚がありますよね。

これがマインドフルネス状態に近い感覚です。

やる気やひらめきを生み出すには、この状態にするのが一番手っ取り早いんです。


妊婦になると街中で妊婦を見かけるようになる。

欲しいなと思っているクルマとよくすれ違うようになる。

自分が気になっているアーティストの曲はどこでも耳にする。

こういうときは、ＲＡＳ（Reticular Activating System の略。日本語では、網様体賦活系と言います）という、言うなれば「脳のアンテナ」が作用しています。

意識したものがなぜかよく現実に現れる。

その現象に皆さんも気づいているはずです。

「〇〇ってよく見るよね」「どこでも〇〇って流れてるよね」と友人に言ってもぽかんとされる。

なぜならば3人いれば、3つの世界が存在するからです。

みんながみんな異なった情報空間に存在する。そしてその情報空間は自分の認識によって構築されています。

それは、膨大な量がある情報の中で「自分が意図的に認識したいものだけを認識している」ということでもあります。

聴こえたのではなく、聴くことを選択した。

見えたのではなく、見ることを選択した。

起こったのではなく、その感情体験を選択した。

というわけです。

だからこそ自分がのぞむ状態になりたかったら、変えるべきは外の世界ではなく、自分の内面だということなんですよね。

お金が欲しい。時間から自由になりたい。世間から評価されたい。もっと人に好かれたい。

でもいくらがんばっても叶わないから、疲れちゃった。もうやめた。

そう結論付けてしまうのは、「自分の欲求が苦しみの素」だと考えるからです。

欲しいと思うこと自体が、私を苦しめているわけだから、もう普通でいいわってあきらめたくなる。

たしかに、欲求が苦しみを生むのは間違いありません。

でも、苦しめているのは欲求そのものではなく、「それを手に入れる自分になりたい」という「自分」に対する執着なんです。

その執着を手放してみれば、「手に入れたいものがある」という「意図」だけが残ります。

そうすると「ビューティフルステート＝美しい心の状態」になり、欲しい現実が時間の川から流れてくる。

このように、欲求とは、自我を手放した方が手っ取り早く叶います。

おさらいをします。

この目標を達成したい、達成して給料を上げたい、達成して評価を上げたい。

そう思うと、もう毎日が苦しい。そのとき「目標なんか追いかけるから苦しいんだ」と目標そのものを手放すのではなく、「目標によって自分が得をしようとする気持ち」を手放します。

達成した方がいいけど、達成しなくたって私は幸せだから、というように手放します。
そして自分の穏やかさの中に、「そうなりたい」という希望の花を咲かせる。すると引き寄せの力が働きはじめ、必要なものが時間の川から流れてくるというわけです。

「私たち結婚します」「どうかお幸せに！」

昔はこんな風に、幸せは「なるもの」である気がしていました。

でも結局のところ、私たちは誰かから「幸せになる方法」を教わることはできません。

その上で、誰もがお金のこと、仕事のこと、人間関係のこと、健康のこと……いろいろな問題を抱えている。

そうするとつい「この問題さえ解決すれば幸せになれるはず」と考えがちになります。

でも違うのです。「幸せになる力」とは、今あふれていること、今感謝できること、今奇跡であること、それらを「なにも解決していない状況でも感じられる力」なのです。

困ったなあ。大変だなあ。でも、なんだかんだ言っても、私はめぐまれてるよね。幸せなんだよね。

そんな風に思えるようになるためには、まず「自分の穏やかな心」に触れることが先決なのです。

SWITCH 67

穏やかな心に触れると、挑戦できる。

自分の穏やかな心。

その状態は、脳内の神経伝達物質でいうと、まさにセロトニンが出ている状態だとも言えます。

セロトニンは脳の過剰な興奮や不安を抑えて、心をリラックスさせる効果がある「幸せホルモン」とも言われますが、やる気を出すためにも、やる気を出し続けるためにも、このセロトニンが欠かせません。

セロトニンはすべての意欲の基礎だからです。

セロトニンさえ出ていれば「なにも手に入れなくても幸せ」という気持ちに簡単に近づくことができます。

またチャレンジをするとき、いざというときの心の支えにもなります。

ドーパミン（目的を達成することで幸福感をもたらすホルモン）は、目的を達成すると一瞬で消えてなくなり、虚脱感をもたらし、ひどい場合は燃え尽き症候群（バーンアウト）になる場合がありますが、セロトニンを増やしておくことで、すぐ次の目的に向かって動き出せるからです。

では、どうすればセロトニンを増やすことができるのでしょうか。

有名なのは、日光を浴びたり、散歩やジョギングなど一定のリズム運動をしたり、森林浴をしたりすることでしょうか。

私がなによりもおすすめしたいのは、やっぱりマインドフルネス（瞑想）です。

1日13分間のマインドフルネスを8週間続けるだけで、頭の中で騒がしかった会話が静まり、人間本来の力が蘇ったという研究結果もあります。

心を静かにし、無心になる。
なにも考えずにリラックスする。
あるいは、なにかに心を集中させる。

たったこれだけのことなのですが、

中には「自分は雑念が多いからマインドフルネスは苦手だ」という人もいます。

しかし、マインドフルネス中は雑念が多くてもいいのです。

雑念に気づいては、雑念をかき消し、元の状態に戻す。気づいては戻す、気づいては戻す……それを繰り返すことによって「元の状態に戻す心の筋肉」が鍛えられていくからです。

心の筋肉がつくほど、日常生活でも集中状態に入りやすくなるでしょう。

また、マインドフルネスといえば呼吸です。

呼吸のやり方はいろいろありますが、一番ポピュラーなのは、**息を吸って、吸って、限界まで吸って、その後、もう一息がんばって吸って、ゆっくり長～く吐いていく。それを5分間繰り返すというものです。**

マインドフルネス中は吸うときにはお腹をふくらませ、吐くときにはお腹を凹ませる「腹式呼吸」をするのが良いとされますが、両手のこぶしを固めていると胸式呼吸となる一方、小指と薬指だけを曲げるようにすると腹式呼吸になります。

人間の身体って不思議ですよね。

やる気、幸せ、ひらめき、楽しさは言語ではなく脳内神経伝達物質です。

それらの脳内神経伝達物質は、我を忘れているとき、時を忘れているときに発生します。

自我や時間から解放されるために。

全身の力を抜いて、頭を空っぽにして「自分の心の穏やかさに触れる時間」を一日の中に作ってみてください。

SWITCH 68

心臓に寄り添うと、アイディアが湧いてくる。

知っていましたか？

自分が欲しいアイディアは、実は「自分が考えていないとき」に生まれている。

考えていなかった場所に、探していた答えがあるのだそうです。

それを生み出しているのは心臓なのだそうです。

実は「脳から心臓」よりも「心臓から脳」に送っている情報量の方が多いと、科学的にわかってきたのだそうです。

普通の人は、あまり「考えない」というアクションをしません。

なぜなら「人間は考えているときに結論が出る」と思い込んでいるし、そもそも「考えない」というのは難しいことだからです。

しかし優秀な人や天才と言われる人たちは、例外なく「考える」と「考えない」のシーソーをうまく使っています。

考えて、考えて、いっぱい自分に質問を投げかけて……考えない時間を作る。

また考えて、考えて、いっぱい自分に質問を投げかけて……また考えない時間を作る。

このサイクルを習慣化している人ほど、画期的なアイディアを思いつきます。


こんな話もあります。

昭和初期の人たちが、生まれてから死ぬまでに吸収した情報量。

その情報量を、現在では渋谷のスクランブル交差点の前に2時間立っているだけで浴びてしまうのだそうです。

膨大な刺激です。

だからこそ私たちは本来持っている穏やかさを忘れがちです。

つねにセロトニン不足の状態です。

その上で「結果を出さなきゃ」と焦るから、さらに苦しくなります。

真面目な人ほどこんな私じゃダメだ、もっとがんばらないと、とさらに自分を否定してドツボにはまります。

どうすればポジティブな気持ちに切り替えられるのでしょうか。

そのスイッチは「心臓」にあるというのです。

不安や緊張、イライラ状態になって心臓のリズムが乱れると、脳の認知機能に影響し、落ち着いて考えることができなくなります。

だからこそ反対に、心臓のリズムを整えることによって、脳の認知機能を正常化させ、気持ちを切り替えることができるのだそうです。

心臓のあたりに意識を向けてみましょう。

そして心臓のあたりに「空気の通り道」があるとイメージして深い呼吸を繰り返します。

1分間ほど経ったら、そのまま深呼吸を続けながら、家族・友人などの顔を思い浮かべ、その人たちに「感謝」「愛情」などを感じた状況を思い出してみてください。

思わず表情がゆるんでしまうような温かい気持ちで。

その気持ちを広げていくと、だんだん心拍リズムが安定していき、脳の機能も安定していきます。

たったこれだけのことで、私たちは簡単に、集中力や思考力を高めることができます（これを「ハートコヒーランス瞑想」と呼びます）。

そしてこのハートコヒーランス瞑想を3分間続けることで、「免疫力アップ状態」を6時間キープするだけでなく、遺伝子の寿命因子であるテロメアを伸ばすこと（若返り効果）ができるとも言われています。

それだけではないのです。

会った人にもその効果は伝染し、「同じ状態になっていく」というのです。

誰かが、誰かを想う力。祈り。

まさにそれこそが私たちに秘められたやる気を無限に引き出すことができる、絶対的な力なのかもしれません。

Epilogue
エピローグ

最小の努力で、最大の結果を出す。

とにかく速く走れるようになりたかった。
試合で勝ちたい、という気持ちでいっぱいだった。
でも結果として、疲労をためて、実力を発揮できなかった。

なぜだろう？

あるとき「結果に影響を与えるのは根性ではなく科学だ」と学んだ。
やみくもに練習をしても強くはならない。
「練習をがんばっている自分」に酔っていてもいつまでも勝てない。

でもきちんとした理論に基づいて練習すれば、もっと勝利に近づけるという。

もしそれが本当なのだとしたら、この世のどこかに、まだ誰にも知られていない秘密のトレーニング法のようなものがあるんじゃないか？

ワクワクしながら、私はその糸口を探しはじめた。

〝最小の努力で、最大の結果を出す〟

これが、陸上競技に魅せられた私にとっての一大テーマになったのだ。

ある大学の陸上部ではこんなことをしていた。

バイクを使って選手をガーッと引っ張り、未体験のスピードを筋肉に体験させる。

直後に走ってみると、バイクがなくても同じくらいのスピードで走れるようになっている。

これは凄いと思った。

でも……しばらく時間が経つと、残念ながら元の速さに戻ってしまう。

どうにかして筋肉にそのスピードを記憶させることはできないか？

いろいろ実験をしてみたくて、自分の大学のグラウンドにもバイクを持ち込んだら、教員から「なにやってるんだ！」と怒られる。

「いや、これは最新の練習法です！」「ふざけるな！」

そんなやり取りを繰り返す中、監督から一冊の本をすすめられる。

400メートルの世界記録保持者が書いた、という本だ。

それはサイズが図鑑のように大きく、とんでもなく分厚い本で、一冊2万円もした（そんな高価な本を買ったことなんてあるだろうか？）。

でも好奇心を抑え切れなかった私は、おそるおそるその本を買ってみたのだ。

ページを開いてみると、スポーツ科学の論文を中心に、どうやったら速く走れるのかということが学術的に書かれている。

文字を追いかけるだけでも大変だったけれど、絶対に勝てる方法が書いてあるならば、と必死に読破した。

そして結論から言うと、その本は予想していた内容とはあまりにもかけ離れていた。

おまけに、最初から最後まで書かれていた内容はずっと同じだった。


〝思ったことは叶う〟


そんなばかな！　ただの精神論？

ただひたすらイメージトレーニングが大事ってこと？

私が毎日ゲロを吐くほど練習して、足が痙攣して悲鳴を上げているようなときに、わきで体育座りして「勝てる、勝てる」ってつぶやいているやつの方が速くなるってこと？

半笑いで「ありえない……」と思った。

もちろんイメージトレーニングも重要だと思っていたけれど、それはいくつも存在する勝つためのメソッドのひとつくらいにしか考えられなかった。

思い描くだけで、速く走れるだなんて、まったく受け入れがたい話じゃないか。

でも今だから思う。

こんな風に重要なことに限って、シンプルで当たり前な響きを持っていたりする。

だから見逃してしまったんだと思う。

〝思ったことは叶う〟

中学生のときにも似たような経験をした。

当時の陸上部の顧問は名コーチとして有名で、彼女が赴任した学校の陸上部はことごとく飛躍的に成績を伸ばしていた。

「なんで先生が教えると伸びるんですか?」と聞いてみれば、それは実に単純なカラクリだった。

練習でタイムを測るとき、実はいつもスタートから少し間をおいてストップウオッチを押していたと言う。

練習ごとに伸びていく自分の記録に驚きながら、選手たちはそのまま本当に成長し、とうとう全国大会に出場してしまった。
つまり、やる気や感情といったメンタル面が、身体に確実に影響を与えていたのだ。

その後、私は大学在学中に仕事をはじめた。
そしていろんなセミナーに参加するようになると、再び驚かされることになった。
どのセミナーでも、どの人も、みんな同じようなことを言っていたからだ。

思ったことが起きる。現実は自分で作り出している。
いいことを思うと、いい結果が生まれる。
紙に書けばさらに実現しやすくなる。
つまり「思ったことは叶うんだ」と言う。

いい年をした大人たちがお酒も飲まずに、真顔で夢を語っているみたいだ。
ホントに？　聞いているこちらの方が照れてしまう。

じゃあ七夕のときに短冊に書いた願い事たちはどうなるんだ……と私の心は斜めから見ていたが、半信半疑のまま「自分の夢を100個」書き出したのは、もう30年以上も前の話。

夢を100個も考えるのは容易じゃない。

「100個」という数にするために、無理やりひねり出したと言ってもいい。

「ホッチキスが欲しい」といった小さなものから、自分でも噴き出しそうになるほどスケールの大きなものまであった。

物から物じゃないものまであった。

そして今ではそのほとんどが叶っている。そのとき、想像すらできなかった夢までも。

たとえば「外国のクルマに乗る」。

これは書いた半年後に実現した(でも実は買った40日後に事故を起こして廃車になった。神様はまだお許しじゃなかったようだ)。

「海外旅行をする」。人生初のフライトで初の海外は10ヵ月後に叶った。

「秘書を雇う」。これは書いた2年後に叶った。「自分の家を建てる」という夢は4年後に叶った。

「全国ラーメン食べ歩き」「年収1億」「カフェを経営する」「映画監督になる」「音楽の仕事に携わる」「親孝行をする」「孤児院を開く」「別荘を持つ」「宇宙旅行をする」「カメラマンになる」「最高の友達に囲まれる」……など、思いつく限りののぞみを書いて書いて書きまくった。

そしてすべてではないにしても、大半のことは叶っていった。

中でも「自分の本を出す」。これは少し大胆だった。

なぜなら私は文章なんて書いたことがなかったから。

その当時、自分が一番長く書いた文章というのが高校のときの読書感想文で、それすら妹が書いた文章を写していた、というほど文章を書くことに自信がなかった。

でも、12年後に叶ってしまった。

「海外で絵の個展を開く」というのも書いていた。

筆を持ったのは中学3年の美術の授業が最後で、それも決していい成績ではなかった。

でも本を出したのと同じ年、私は人生初の個展をニューヨークのＳＯＨＯで開くことになった。


これは本当の話。

夢は紙に書かれた瞬間から、あなたに全力で向かってくる。

それもスケールの大きさは関係ない。

小さな夢よりも、大きな夢が先に叶うこともあるくらいだ。

言語化して、イメージして、そのイメージに馴染むほど、夢に近づくスピードは増すだろう。

その一方で、鮮明にイメージできるようになると、その先に恐怖が見え隠れするかもしれない。

怖くなって視線を落とし、今を見つめたくなるかもしれない。

やっぱり自分には無理かもって。


それでいいよ。

やる気なんて出さなくたっていい。
出そうと思って、出るようなものじゃないから。
でも自分をうまく誘導して、やる気になっちゃったら楽しい。
生きるのってやっぱり面白いなって、
ワクワクはあちこちにあふれているなって、思い出すことができるはず。
やる気が続かない理由も、やる気が出ない理由も書いたつもりだ。
あとは、あなたの心（無意識）が決めること。
そのためにも「今の自分」に慣れてしまわないように。
慣れてから考えるのではなく、慣れる前に次の面白いことを探そう。
そうすればきっと、心は「新しいやる気」を見つけ出してくれるから。

さあ、あなたを動かす次のスイッチはどこにあるだろう？

山﨑拓巳

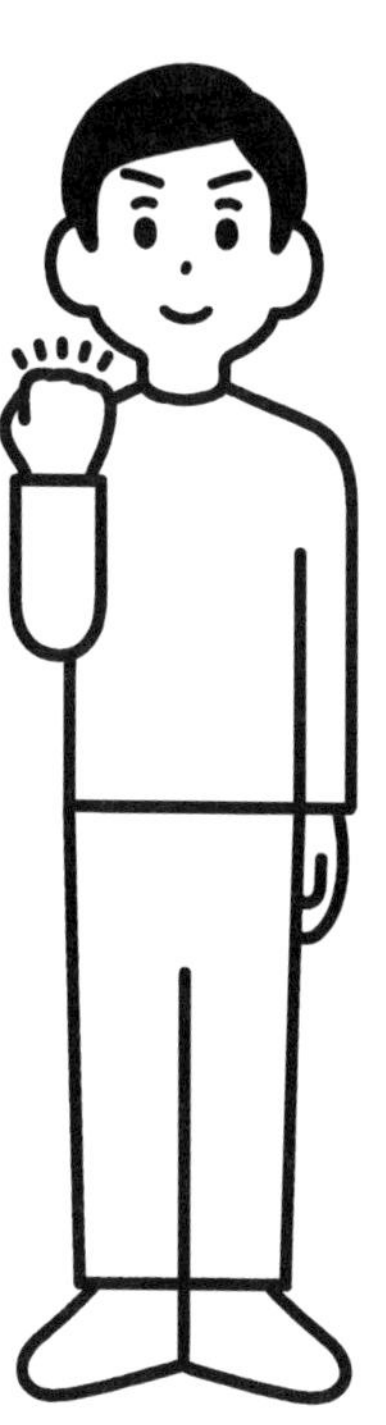

Alia Crum et al, Rethinking Stress: The role of mindsets in Determining the stress response, J Pers Soc Psychol (2013)

Julia C Basso et al, Brief, daily meditation enhances attention, memory, mood, and emotional regulation in non-experienced meditators, Behav Brain Res(2019)

R L Carhart-Harris et al, Serotonin and brain function: a tale of two receptors, J Psychopharmacol (2017)

目標に向けて努力し続けられる脳の仕組みを解明一期待外れを乗り越えるためのドーパミン機能一／小川正晃 京都大学大学院医学研究科　SKプロジェクト特定准教授

自分らしい気づきを作業で描くプロセス／吉備国際大学／北原リハビリテーション病院

宇宙無重力で育った生物ではドーパミン低下による運動能力の減弱リスクが生じる／東北大学

Melis Yilmaz Balban et al, Brief structured respiration practices enhance mood and reduce physiological arousal, Cell Reports Medicine (2023)

Yuna L. Ferguson et al, Trying to be happier really can work: Two experimental studies, The Journal of Positive Psychology (2013)

本書を上梓するに当たって、以上の書籍、論文等を参考にさせていただきました。
この場を借りて厚くお礼申し上げます。

参考文献

『脳画像でみる「うつ」と「不安」の仕組み』ダニエル・エイメン／リサ・ラウス：著、ニキ・リンコ：訳（花風社）

『「やる気」を育てる！―科学的に正しい好奇心、モチベーションの高め方』植木理恵：著（日本実業出版社）

『斜陽　他一篇』太宰治：著（岩波書店）

『メンタル・マネージメント―勝つことの秘訣』ラニー・バッシャム／藤井優：著（メンタル・マネージメント・インスティテュート）

『自分を変える魔法の「口ぐせ」―夢がかなう言葉の法則』佐藤富雄：著（かんき出版）

『グチるな社員 前を向こう！―いい仕事をする考え方と行動の仕方』佐藤芳直：著（中経出版）

『人生を変える！「心のブレーキ」の外し方』石井裕之：著（フォレスト出版）

『頭の回転が 50 倍速くなる脳の作り方』苫米地英人：著（フォレスト出版）

『すごい会議―短時間で会社が劇的に変わる！』大橋禅太郎：著（大和書房）

『クオリア入門―心が脳を感じるとき』茂木健一郎：著（筑摩書房）

『幸運を呼びよせる朝の習慣』佐藤伝：著（中経出版）

『最高の人生を引き寄せる法―可能性の扉を開く 7 つの鍵』クリス岡崎：著（こう書房）

野口嘉則 公式ブログ
http://coaching.livedoor.biz/

Domra Banakou et al, Virtually Being Einstein Results in an Improvement in Cognitive Task Performance and a Decrease in Age Bias, Frontiers in Psychology (2018)

Sofia Adelaide Osimo et al, Conversations between self and self as Sigmund Freud-A virtual body ownership paradigm for self counselling, Scientific Reports (2015)

スペシャルサンクス（50音順）

一ノ瀬京介さん
入江巨之さん
TAEさん
武田双雲さん
苫米地英人さん
永井堂元さん
中島薫さん
南山紘輝さん
吉井奈々さん

山﨑拓巳

Takumi Yamazaki

1965年三重県生まれ。広島大学教育学部中退。事業家。ビジネスコーチ。「コミュニケーション」「モチベーションアップ」「お金の教養」などをテーマにしたセミナーや勉強会を全国各地で開催し、高い人気を誇っている。
経営者としてニューヨークにラーメン店「タクメン」「タクサンド」を出店したり、アーティストとして国内外に絵画、Tシャツ、バッグを出展したり、映画出演を果たすなど多方面で活躍中。

主な著作に『なぜか感じがいい人の　かわいい言い方』『人生のプロジェクト』『気くばりのツボ』（サンクチュアリ出版）、『さりげなく人を動かす　スゴイ！話し方』（かんき出版）などがあり、著作累計部数は200万部を超える。

クラブS

ほぼ毎月とどく
本のびっくり箱 クラブS
くわしくはコチラ
サンクチュアリ出版 年間購読メンバー

サンクチュアリ出版の公式ファンクラブです。

sanctuarybooks.jp/clubs/

サンクチュアリ出版 YouTube チャンネル

出版社が選んだ
「大人の教養」が
身につくチャンネルです。

"サンクチュアリ出版
チャンネル" で検索

おすすめ選書サービス

あなたのお好みに
合いそうな「他社の本」
を無料で紹介しています。

sanctuarybooks.jp
/rbook/

サンクチュアリ出版 公式 note

どんな思いで本を作り、
届けているか、
正直に打ち明けています。

https://note.com/
sanctuarybooks

人生を変える授業オンライン

各方面の
「今が旬のすごい人」
のセミナーを自宅で
いつでも視聴できます。

sanctuarybooks.jp
/event_doga_shop/

やる気のスイッチ

2024年5月1日 初版発行

著者　山﨑拓巳

執筆協力　南山紘輝

イラスト　山内庸資

デザイン　井上新八

DTP　株式会社 ローヤル企画

営業　二瓶義基

広報　岩田梨恵子

編集　橋本圭右

発行者　鶴巻謙介
発行所　サンクチュアリ出版
〒113-0023 東京都文京区向丘 2-14-9
TEL:03-5834-2507 FAX:03-5834-2508
https://www.sanctuarybooks.jp/
info@sanctuarybooks.jp

印刷・製本　中央精版印刷株式会社

PRINTED IN JAPAN